FORTALEZA ESPIRITUAL

FORTALEZA ESPIRITUAL

Supera tu indefensión aprendida y gana el juego de la vida

ANA MARÍA JUAN AMAT

Herramientas para trascender el sufrimiento, soltar las adicciones y brillar en tu estrella.

VOLUMEN 1 DE LA TRILOGÍA FORTALEZA ESPIRITUAL

Nota a los lectores: Esta publicación contiene las opiniones e ideas de su autor. Su intención es ofrecer material útil e informativo sobre el tema tratado. Las estrategias señaladas en este libro pueden no ser apropiadas para todos los individuos y no se garantiza que produzca ningún resultado en particular. Este libro se vende bajo el supuesto de que ni el autor, ni el editor, ni la imprenta se dedican a prestar asesoría o servicios profesionales legales, financieros, de contaduría, psicología u otros. El lector deberá consultar a un profesional capacitado antes de adoptar las sugerencias de este, la integridad de la información o referencias incluidas aquí. Tanto el autor, como el editor, la imprenta y todas las partes implicadas en el diseño de portada y distribución, niegan específicamente cualquier responsabilidad por obligaciones, pérdidas o riesgos, personales o de otro tipo, en que se incurra como consecuencia, directa o indirecta, del uso y aplicación de cualquier contenido del libro.

Este libro no podrá ser reproducido, ni total ni parcialmente, sin previo permiso escrito del autor. Todos los derechos reservados.

Fortaleza Espiritual: supera tu indefensión aprendida y gana el juego de la vida
Primera edición: diciembre 2018
® Ana de Juan Coaching y Mentoring
Autoedición y Diseño: Ana María Juan Amat
44769025P
ISBN: 978-84-09-06871-5
anadejuancoach@gmail.com
Fotografía Paco Jareño Zafra
Impreso en España

DICEN DE

ANA MARÍA JUAN AMAT...

"El Método "Ana de Juan" me ayudó muchísimo. Necesitaba mejorar mi control mental en las competiciones, empecé con mi proceso y comencé a ver los resultados enseguida: sentí más autocontrol y confianza en mí misma, mejoré mis nervios en las competiciones y mi conciencia corporal. Gracias al trabajo que he realizado con Ana, he finalizado el año superando mi propia marca en más de 20 puntos en el Open de Francia 2015 con respecto al campeonato anterior. De hecho de los veinte españoles que competimos en el Open de Francia, fui la que sacó la mejor nota en mi categoría.

Estoy muy contenta y satisfecha porque gracias a la ayuda de Ana de Juan he notado un cambio radical en muchos aspectos del deporte y de mi vida: siento más dominio y seguridad; soy capaz de transformar pensamientos negativos en positivos; ahora tengo más conciencia corporal lo que me ayuda tener la energía adecuada, ahora sé canalizarla y estar en todo momento equilibrada, en mí. Confío mucho más en mí misma"

AIXA MARÍA RODAS, TERCERA DEL MUNDO DE PATINAJE ARTÍSTICO Y SUBCAMPEONA DE ESPAÑA

"Trabajar con Ana ha significado para mí un antes y un después en mi vida personal y profesional. El Método Ana de Juan, a través de trabajos personales y dinámicos, me ha hecho conseguir traspasar barreras que creía imposibles de vencer. Ana me ha ayudado a brillar, mi pánico escénico ha sido trascendido y sustituido por una gran confianza en mí misma, mi autoestima se ha visto fuertemente fortalecida, ella me ha enseñado grandes herramientas de superación, me ha enseñado a brillar en mayúsculas encima de un escenario y en mi propia vida, estoy muy agradecida a su método, a ella misma como persona y a su compañía en el proceso, es una gran profesional que pone todo en lo que hace, sabe perfectamente qué teclas tocar y cómo dirigirte para tu mayor bien, tiene un don...Y se nota!"

ALICIA TENZA, CANTANTE DE ESTIRGA

"El curso que he realizado con Ana de Juan en la Universidad de Alicante me ha ayudado mucho a sobrellevar uno de los momentos más duros de mi vida, me ha hecho recuperar la ilusión y la creatividad en momentos difíciles y, sobre todo, a ver las cosas desde múltiples puntos de vista. El método de Ana de Juan me ha ayudado a trascender e ir más allá, a ver nuevas perspectivas, soluciones, circunstancias y, en definitiva, a verme más a mí misma. He podido conectar con esos momentos realmente importantes en la vida, disfrutar de los pequeños detalles, que son los que más cuentan y a descubrir y alcanzar mi propia felicidad, que no está sino dentro de cada uno. Ana sabe cómo conectar contigo, se adapta a cada persona, dándole lo que necesita y tocando los puntos correctos para ayudarte con tu proceso. Gracias Ana por traer la excelencia al coaching con tu método, por tus enseñanzas y por la ayuda en la resolución de nuestros conflictos. Y por algo muy importante, el ayudarnos a crecer a nivel personal, gracias."

NURIA BOLUDA, CIENTÍFICA, PROFESORA TITULAR DPTO. INGENIERÍA QUÍMICA UA, MÁSTER EN GESTIÓN Y TRATAMIENTO EL AGUA Y COORDINADORA DEL MÁSTER EN GESTIÓN SOSTENIBLE Y TECNOLOGÍAS DEL AGUA

"Ahora soy capaz de mirar dentro de mí y saber lo que ocurre para no quedarme estancada en callejones sin salida. Mis sentimientos han dejado de ser un enemigo para convertirse en parte de una vida plena. Con la ayuda de Ana de Juan he adquirido nuevas habilidades y conocimientos para convivir en paz"

EVA LLOBELL, GUIONISTA Y PROFESORA ASOCIADA DE UNIVERSIDAD

"Ana de Juan me ha ayudado a tener otra visión de la vida, a entender el comportamiento y las respuestas de otras personas ante determinadas situaciones. Me ha ayudado a gestionar mis emociones para que no me influyan negativamente algunos sucesos, y lo más importante, a creer en mí misma y darme cuenta de que, todos y cada uno de nosotros, necesitamos dedicarnos tiempo a nosotros mismos y, no por ello, nos debemos sentir egoístas. He aprendido la diferencia entre autoestima y egoísmo. Ha sido un gran descubrimiento"

JULIA M. ESCLAPEZ, CIENTÍFICA, PROFESORA TITULAR FACULTAD DE CIENCIAS. UNIVERSIDAD DE ALICANTE

"El curso de Coaching y técnicas de relajación impartido por Ana de Juan en el ICE de la Universidad de Alicante me ha resultado muy útil. Las características de nuestro trabajo como personal docente e investigador universitario hacen que vivamos situaciones laborales en las que las relaciones interpersonales resultan fundamentales, y en ocasiones nos pueden generar experiencias desagradables o estresantes. Las estrategias desarrolladas por Ana, los conocimientos que nos ha transmitido en el curso, cómo ha gestionado el grupo, etc. ha contribuido a que durante estas semanas haya podido ir analizando lo positivo que es afrontar el día a día con estas estrategias. Me siento feliz de haber podido aprovechar mi asistencia a este taller. Me gustaría destacar que lo que más me ha ayudado ha sido trabajar la asertividad, creo que a partir de este taller aprovecho mejor mi manera de transmitir mis necesidades para que sean tenidas en cuenta; pienso que antes confundía términos, y en ocasiones no me reafirmaba en mis opiniones pensando que hacerlo suponía un conflicto. Sigo trabajando y explorando nuevas formas de no dejarme invadir en mis necesidades y opiniones intentando ser consciente de las ventajas de hacerlo de manera positiva"

ROCÍO DIEZ. PDI FACULTAD DE EDUCACIÓN UNIVERSIDAD DE ALICANTE

"Ha sido una gran revelación para mí el llegar a conectar conmigo misma, el trabajo interior que he realizado con el Método Ana de Juan me ha desvelado mis creencias limitantes y los bloqueos que yo misma me estaba imponiendo. He podido contactar con mi niña interior en sus talleres y he conseguido eliminar y transformar esas creencias que me estaban limitando.

He crecido muchísimo interiormente, rompiendo mis juicios personales y dejando a un lado la emociones tóxicas, reconciliándome conmigo misma y cambiado perspectivas hacia mis potencialidades"

MANOLI LÓPEZ, PERSONAL DE ADMINISTRACIÓN Y SERVICIOS DE UNIVERSIDAD

"Estoy muy agradecida al trabajo realizado con Ana de Juan, en mi vida ha supuesto un salto cualitativo a nivel personal, muy esclarecedor y de toma de conciencia interior. El método Ana de Juan ha sido la mejor ayuda que he recibido de todas las terapias y procesos que he llevado a cabo a lo largo de mi vida, con diferencia. Ana de Juan me ha aportado unas fantásticas herramientas para mi vida emocional, incluso me ha servido de inspiración en mi pintura y ha supuesto un gran apoyo en mi proceso de enraizamiento en esta ciudad, una gran revelación. Gracias Ana!

DULCE SANTOS. ARTISTA PLÁSTICA

"De Ana de Juan destacaría el grado de cercanía con el que te atiende, así como su capacidad para adentrarse en tus inquietudes y conducirte, de manera eficaz, práctica y creativa hacia el foco de tu preocupación. Te ayuda a descubrir por ti mismo cuáles son tus cualidades y tu verdadera fuerza para afrontar cualquier situación. Claridad en todo lo que explica y un marcado tono resolutivo en las herramientas que te transmite, recomiendo 100% el Método Ana de Juan"

PEDRO MARTÍNEZ, DIRECTOR DEL BANCO SABADELL

"En Ana destaco tres cualidades muy importantes: la empatía, cualquiera que sea la situación o problema que te ronde la cabeza o estés viviendo en ese momento, ella es capaz de entender cómo te sientes y guiarte de la forma en la que tú te sientas cómoda y sea más adecuada para tu personalidad y tu vida; la dedicación, desde el momento que empiezas el proceso con ella, sabes que la tienes para lo que necesites, se presta a ayudarte, se preocupa y te da todas las herramientas posibles para que tú misma puedas solucionar tus trabas y salir adelante con tu propio esfuerzo; la observación: siempre he sentido que la gente no me conocía, que no me comprendía nadie, y Ana rompió todos mis esquemas. Me senté el primer día en el sillón y tuve la sensación de que estaba hablando con alguien que me conocía de toda la vida, que cuando estaba nerviosa se daba cuenta porque veía mi expresión corporal, que cuando entraba por la puerta y veía mi cara sabia que algo malo me había pasado. Éstas son solo tres cualidades, Ana tiene muchísimas más, y le estoy muy agradecida por todo lo que me ha dado durante el tiempo que duró mi proceso"

MARÍA JESÚS SERRANO, ANIMADORA SOCIO-CULTURAL

"Gracias por ayudarme a despertar mis capacidades, mi toma de conciencia y mi poder de decisión, autoconocimiento y compromiso conmigo misma. He vuelto a conectar con la motivación gracias a hacer conscientes muchas cosas que me han ayudado a transformar mi vida. Desde hacía mucho tiempo, me estaba dominando el inconsciente en mis hábitos alimenticios y gracias a trabajar con el método de Ana, he dado un giro a mi vida, he descubierto el por qué y el para qué de mis conductas y he adquirido un gran auto-control con la alimentación, de una forma fácil, tocando las teclas correctas. Gracias!"

MARI CARMEN RAMÍREZ, MAESTRA DE REIKI

"Ana es una guía, un apoyo y un acompañamiento. Desde el primer momento te ofrece herramientas muy útiles y efectivas para la toma de conciencia, trabaja de manera muy dinámica. Te acompaña en el proceso con empatía y cariño, nunca desde el juicio y te apoya en todo momento. Posee una gran cualidad importante, es flexible, siempre está en movimiento y se adapta a los cambios e introduce nuevas técnicas para trabajar. Para mí fue una gran ayuda para reorientar el camino de mi vida y pude entender muchas cosas sobre mí, además desde mi proceso con Ana de Juan, así como el asistir a sus talleres, supuso un cambio muy positivo en mí: desarrollé muchísimo la conexión conmigo misma, ahora puedo conectar con mi propia voz e intuición a cada momento"

NEREA PANERA.

TERAPEUTA ENERGÉTICA Y EMPRESARIA

"Mi experiencia de coaching con Ana fue de lo más acertado que hice en mi vida. Cuando llegué por primera vez estaba totalmente sumergida en una piscina llena de ideas negativas, miedos y dudas que había provocado la desconexión total de mi mente con mi yo interior.

Mi trabajo con ella fue como ver luz después de una gran tormenta. El trabajo fue muy ameno, muy íntimo, en el que Ana te guía de una manera natural y cercana al descubrimiento de tu fuente de energía y te ayuda a potenciarlo al máximo.

Mis últimas experiencias sobre un escenario antes de conocer a Ana fueron bastante desastrosas y después de las sesiones de coaching con ella conseguí volver a disfrutar y hacer música sin que los nervios o mi mente me jugaran una mala pasada.

Actualmente, tras esta experiencia he conseguido un contrato temporal en la Orquestra de la Comunitat Valenciana y además una plaza en el nuevo proyecto orquestal ADDA Simfònica en Alicante.

Sin duda, Ana es una gran profesional, dedicada y que no se rinde contigo jamás. Muy necesaria para todo artista que se sienta frustrado y desconectado de su interior."

PAULA ROMERO, MÚSICO VIOLISTA

DICEN DE

FORTALEZA ESPIRITUAL...

"Un tremendo ejemplo de superación. Es un libro absolutamente recomendable, es un canto a la esperanza y nos muestra que, aunque sintamos que no se puede, con Fortaleza Espiritual, siempre viene algo mejor. Gracias Ana porque para mí es un libro imprescindible"

LOURDES LÓPEZ AUTORA DE "COMO SIRENA EN EL AGUA"

"Trepidante!! La Superación con mayúsculas!! Si piensas que tu vida no tiene sentido, Fortaleza Espiritual te descubre el camino, te guiará y te acompañará desde la experiencia de su autora hasta un futuro lleno de luz y esperanza!!"

ROCIO SÀNCHEZ GARCIA, AUTORA DE ¿QUIÉN ES LA OTRA?

"Un libro que te ayudará a superar tus caídas. La autora con gran habilidad nos explica cómo superó los desafíos de su vida y nos proporciona herramientas útiles para que podamos superar la nuestra, salir de ese laberinto en el que estábamos sumidos. Gracias Ana por tu sabiduría."

MERY RUÍZ CENDOYA AUTORA DE "¡LA AUTÉNTICA MACRO-REVOLUCIÓN!"

"Ana, eres una sobreviviente llena de fortaleza y admiración. Tu libro es un ejemplo de cómo reconstruirse a partir del dolor después esquivar la muerte, superando todas las secuelas. Gracias por enseñarnos como coach a salir del laberinto en momentos de dificultad. Tu lección para aplicarla: Luchar por lo que quieres!"

LUNA ROSA AUTORA DE LA TRILOGIA "MARIPOSA DE UN CAPO. TEJIENDO ALAS DE LIBERTAD!"

"La obra de Ana te lleva a impulsarte desde el agujero más oscuro hasta la luz más bella, te lleva al camino de la superación pasando por un nuevo renacer para conseguir ser quien siempre has querido y dejar tu pasado atrás, un libro lleno de emoción, motivación y mucha reflexión interior para salir del bloqueo psicológico que a veces sufrimos ante ciertas situaciones, sin duda su autora una gran profesional ha puesto a nuestro servicio un manual completo de cómo salir del apuro!

Gracias por este libro Ana!"

**TATIANA GARCÍA PEREZ
AUTORA DEL LIBRO ELÍGETE**

"La lectura del Libro "FORTALEZA ESPIRITUAL " es un néctar que me abrió las puertas de la percepción tomando cada desafió de la vida como una gran oportunidad para evolucionar y convertirme en mi mejor versión. Muchas Gracias Ana por esta joya invaluable. Sin lugar a dudas este libro debe estar tu mesita de noche."

GUILLERMO CANTOR AUTOR DEL LIBRO "RECUERDA EL 100, HISTORIAS Y FABULAS INSPIRADORAS"

"Fortaleza Espiritual es un libro que te ayudará a superarte y a salir de lo más profundo. Impactante su historia de superación de adicciones, te da el valor y la fuerza que necesitas para tener una buena vida y prosperar."

CARMEN GUERRA AUTORA DE LA TRILOGÍA ROMPIENDO CADENAS

"La obra Fortaleza Espiritual es una obra directa, clara, cañera y cercana, que te transporta a través de sus líneas a un estado mental de superación ante las adversidades absoluta, y a preguntarte constantemente, "¿Si ella pudo, porque yo no?".

Con su testimonio y sus mensajes esta gran autora hace de su obra un manual indispensable para ser la mejor versión de cada uno de nosotros, y de saber que se puede superar cualquier obstáculo."

BORJA MONTÉS LLOPIS AUTOR DE LA TRILOGÍA

"A TRAVÉS DE SUS PEQUEÑOS OJOS"

"Ana me ha encantado el espíritu de superación que muestras en tu libro, las estrategias para salir reforzado de todo, es muy cercano e ilustrativo."

JOSÉ MANUEL MORALES AUTOR DE "MI TRACTOR RENTABLE"

"Ana es una mujer valiente, con un gran instinto de superación que le ha ayudado a trascender todos sus desafíos y resurgir como el Ave Fénix con mucha más fuerza si cabe. En su libro, contribuye, mediante su experiencia, a que cada uno de nosotros podamos conectar con nuestra fuerza interior y ser capaces de salir de cualquier situación por muy difícil que pueda parecer. Unas páginas llenas de gran energía que te motivarán a seguir adelante y hacer realidad tus sueños. Un placer haberte conocido, querida Ana".

MARÍA JOSÉ ROSELLÓ AUTORA DEL LIBRO "TU LIENZO EN BLANCO"

"Fortaleza Espiritual es un libro que cualquier persona cuya necesidad sea superar sus obstáculos debería leer. En él, Ana de Juan nos cuenta cómo logró trascender situaciones muy difíciles, saliendo inmensamente reforzada. A través de su experiencia, fue capaz de desarrollar herramientas que nos permiten afrontar y superar cualquier dificultad. Gracias por inspirarnos con tu ejemplo."

ANA FERNÁNDEZ CERVANTES, AUTORA DE "SOÑADOR...DESPIERTA"

"Cuando la vida nos pone a prueba, a veces nos hundimos, el miedo nos paraliza o incluso tomamos actitudes autodestructivas para acallar el dolor. Ana de Juan nos enseña a través de sus experiencias que es posible salir de esa situación de impotencia, remontar y salir fortalecido usando la energía del dolor en tu propio beneficio. Las cicatrices del alma nos impulsan a ello. Gracias Ana, fascinante historia de superación."

NURIA QUIRÓS ROLDÁN. AUTORA DEL LIBRO "CADA DÍA MEJOR".- TRANSFORMA TU VIDA CAMBIANDO TUS HÁBITOS-

"Si tuviera que definir a Ana de Juan en una sola palabra sería VALIENTE. Con su experiencia como Coach y de la vida, en este transformador libro nos habla de cómo los obstáculos, accidentes, adicciones y todo lo que experimentamos en la vida, nos ayuda a trascender y evolucionar si sabemos utilizarlo. Personalmente, este libro me ha inspirado a seguir luchando después de todo lo que he vivido a lo largo de mi vida. Gracias Ana por esta trasmisión de sabiduría álmica".

**NURIA SALA BERGILLOS
AUTORA DEL LIBRO "TU DON, EL PODER DE SANAR TU VIDA"**

"Fortaleza Espiritual" es un libro de empoderamiento. A través de su experiencia de vida y su gran conocimiento, Ana de Juan te ayudará a salir del callejón sin salida en el que te encuentras. Un libro imprescindible".

GEMMA COMAS, AUTORA DE "LA MAGIA QUE DUERME EN TI".

"Sinceramente me dejó sin palabras, increíble historia de superación, te enseña a entender cómo funciona tu mente, llevándote a un nivel alto de autoestima.Te hace volverte fuerte ante todos los retos de la vida, mil gracias, ha sido ¡impresionante!, un libro para crecer, crecer y crecer de verdad mil gracias."

EILA RUBIO ROMERO

"El libro de Ana de Juan "Fortaleza Espiritual" ayuda a las personas a romper las creencias cuando te imaginas que no puedes hacer nada delante de una situación. Si estas delante de un desafío, es el libro adecuado para ti.

ANA GORDILLO. AUTORA DE "QUERIDA TRISTEZA…"

"Sin duda alguna es uno de los libros más espectaculares de fuerza y poder interior donde nuestra autora Ana nos narra su historia y la forma tan increíble en que superó todos los desafíos fuertes que le puso la vida desde niña, como logró salir de todo esto ahora siendo una mujer fuerte y decidida a ser la mejor en todo lo que se propone. Ningún obstáculo la detuvo sino por el contrario, usó todo ello como peldaños para escalar y salir vencedora. Un hermoso libro de superación personal. Millones de gracias Ana por llegar a mi vida a través de tus libros."

SOL JIMÉNEZ, AUTORA DE LA TRÍLOGIA "TU CAMBIO EMPIEZA HOY"

"Gracias, Gracias, Gracias Ana por tu labor en esta gran obra hecha letra, que es FORTALEZA ESPIRITUAL. En ella he podido sanar aún más, al igual que tú, el proceso que viví con mi accidente de la infancia. He reforzado la autoestima, las fortalezas internas, la impotencia que generamos sin apenas darnos cuenta de que están ahí. Creo que exponerse de la manera que lo has hecho contando tu vivencias, es lo que más grande te hace como ser humano. Infinitas Gracias Ana, por tu valentía, porque con ella estás inspirando y aumentando la esperanza a millones de Almas."

CARMEN JESÚS PÉREZ RIVERO TÉCNICOS ESTILISTA Y ASESORA DE BELLEZA, AUTORA DE LA TRILOGÍA "MADRE"

"Un libro donde Ana me empoderó a través de sus propios desafíos y me demostró una vez más que ¡SI SE PUEDE! si así lo decides. GRACIAS INFINITAS, Ana."

CAROLINA RODRIGO FUENTES, AUTORA DEL LIBRO "PIENSA, VENDE, AMA"

"Un libro de superación personal impresionante y con muchas herramientas para superar cualquier problema que tengas. Me ha encantado!"

RADOSTIN IVANOV STANCHEV AUTOR DEL LIBRO "COMO TOMAR CONCIENCIA"

Un excelente libro, que trata de cómo hallar fortaleza espiritual y física. Mediante la propia experiencia de la autora, como desde las profundidades del dolor pudo expandir su fuerza, seguir rindiendo al máximo para dar lo mejor de sí misma a las personas que la rodean y buscan su ayuda.

GERARD BRECHE, AUTOR DE LA TRILOGÍA "TU CREAS TU FUTURO"

Este magnífico libro "Fortaleza Espiritual" te da un auténtico chute de entusiasmo para afrontar la vida tras leer la increíble historia personal de superación de Ana, su autora. Espectacular!! Absolutamente recomendado.

MARICRUZ ÁLVAREZ AUTORA DE "TU VERDADERO TESORO"

"FORTALEZA ESPIRITUAL" me ha ayudado muchísimo a tomar acción frente la impotencia que muchas veces he sentido a lo largo de mi vida. A través de la historia de la autora he podido darme cuenta de que todo puede superarse si uno se lo propone. Ha sido un antes y un después en mi vida. Me ha hecho reflexionar muchísimo acerca de la vida y de cómo tantas veces nos vemos atrapados ante circunstancias perdiendo el rumbo, cuando realmente SIEMPRE SE PUEDE SALIR ADELANTE. Gracias Ana por este regalo que haces a la humanidad, me veo reflejada en ti.

ISA CAMPILLOS, AUTORA DEL LIBRO "EL CÓDIGO DE TU SANACIÓN"

La autora nos enseña con su experiencia cómo superar esos momentos en la vida en que nos sumergimos en un mar de inseguridad e impotencia. Sin importar qué tan grandes infiernos o de que índole se traten. Ante todo nos muestra cómo salir renovado y con más fuerza de dichas penas.

JAMES GARCIA ZULUAGA, AUTOR DEL LIBRO "EL RENACER DE TU ALMA"

"¿Sientes como si a veces la vida fuera un laberinto en el que te encuentras y no ves la forma de cruzarlo y encontrar una salida?

De manera elocuente la autora te da las herramientas necesarias para transcender y hallar el camino hacia la liberación, encontrando el poder personal que hay en ti. Déjate llevar y rompe tus límites."

EUGENE MARTÍNEZ NEGRÍN, AUTORA DEL LIBRO DEDÍCATE UNA SONRISA

"Fortaleza Espiritual" es un bálsamo para el Alma. La autora nos acompaña a través de su propia experiencia a trascender todos nuestros condicionamientos y nuestras creencias limitantes para comprender que nuestro poder interior todo lo puede. Gracias Ana por este maravilloso regalo."

MARC TARRAGONA MEDINA, AUTOR DE RESPIRACIÓN CONSCIENTE Y CREADOR DEL PROCESO R.I.P Y DEL SEMINARIO VPA²

"Si lo que quieres es salir de ahí, de una situación que te tiene presa y de la que crees que no puedes salir, este es tu libro. Te aporta herramientas de autoestima y poder personal que son claves en nuestras vidas y que te darán los pasos fundamentales para que alcances otra nueva vida y logres lo que quieres"

YÉSICA CASADO ARAGONESES AUTORA DEL LIBRO "¡QUÉ BUENO ERES!"

FORTALEZA ESPIRITUAL

SUPERA TU INDEFENSIÓN APRENDIDA Y GANA EL JUEGO DE LA VIDA

ANA MARÍA JUAN AMAT

"EL DOLOR QUE SOPORTA UN SER HUMANO ES DIRECTAMENTE PROPORCIONAL AL TAMAÑO DE SU ESPÍRITU"

Ana de Juan

PRÓLOGO DE LAIN GARCÍA CALVO

¿Quién no lo ha pasado mal en la vida?

¿Quién no ha sufrido?

¿Quién no ha pasado dificultades en la salud, en la economía o en las relaciones?

¿Quién quizás no esté aún atravesando ese desierto?

Y sin embargo, aparentemente todo el mundo está bien. Por fuera todo perfecto, pero por dentro... La gran mayoría de personas están tratando de ser algo que no son, poniendo parches a sus dolores y viviendo una vida idílica de cara al exterior. Viviendo una tranquila vida de desesperación...

¿Y si no se tratara de obviarlo sino de enfrentarlo?

¿Y si la clave para poder transformar esos desafíos en oportunidades, maldiciones en bendiciones, fuera sacar a la luz nuestra oscuridad para poder transformarla?

Creo firmemente que detrás del desafío está la bendición y que el universo manda sus más grandes batallas a sus mejores guerreros. Muchos son los llamados y muy pocos los elegidos, pero no elige a los preparados, ¡prepara a los elegidos! Y los prepara mediante las dificultades. Por eso sé a ciencia cierta, que si lo has pasado mal, estás condenado a que la vida te vaya muy bien… siempre y cuando seas capaz de transformar ese dolor en aprendizaje. Sé también que, si estás aquí, no es por casualidad y este libro llegó a ti para ayudarte. Estoy deseando que te sumerjas en sus páginas y le saques el máximo partido.

¡Por tu LIBERTAD!

LAIN, autor de la saga LA VOZ DE TU ALMA. www.lavozdetualma.com

AGRADECIMIENTOS

A mis ancestros, por dejarme este legado.

A mi familia, por su apoyo incondicional.

A mis parejas, por ser mis maestros.

A mi descendencia, porque será la luz que guíe mi camino.

A mis amigos, por ser afortunada, tengo muchos y buenos.

A mis enemigos, gracias a vosotros soy más fuerte.

A las personas con las que alguna vez he tenido contacto en la tierra, son mis compañeros de viaje y aprendizaje.

A todas mis vivencias y circunstancias, gracias a ellas soy quien soy hoy.

A las personas que me han visto, a las que yo no he sabido ver y a las que no me han sabido ver a mí. Gracias, lo siento, perdón.

A mí misma, a mi carácter y fortaleza interior, a mi SER por ayudarme a construirme en persona, por guiarme aun sin ser consciente de ello.

A mis clientes, consultantes y coachees, a mi público, porque sin ellos nada de esto tiene sentido.

Al conjunto de circunstancias que orquestaron la creación de esta obra.

A mis maestros y alumnos porque gracias a ellos continúo con los pies en la tierra y las alas en el cielo.

*El 10% de los beneficios recaudados de este libro irán donados al Proyecto de una Fundación que sostiene la salud emocional de niños hospitalizados en plantas de aislamiento. (Revisa el final del libro)

ÍNDICE

INTRODUCCIÓN

¿Alguna vez te has sentido plenamente impotente ante un acontecimiento, pequeño y sin energía?

Mi historia personal es como la tuya. Un día sucedió algo que marcaría mi vida para siempre.

En ocasiones miramos hacia detrás queriendo cambiar lo que sucedió, los hechos que acontecieron un momento dado. Has de saber, querido lector que, negando el acontecimiento, niegas, por añadidura, el aprendizaje que de él obtuviste.

Si algo has de aprender a lo largo de la trilogía que acabas de comenzar a leer es que alquimizando tus emociones, alquimizas tu vida y esa alquimia emocional se consigue mediante la aceptación, el perdón y la gratitud de lo acontecido.

Tres libros son los encargados de ofrecerte las herramientas necesarias para trascender cada vivencia, cada sufrimiento, el dolor de cada experiencia. Tres libros que te ayudan a comprender y a integrar, imprescindibles ambas para la trascendencia. La comprensión y el conocimiento es lo que facilita el aceptar, pasar página, aprender de lo vivido y soltar aquello que ya no necesitas.

Desde ahí prepárate para despegar soltando lastres, piedras y mochilas que no son tuyas y que ya no te sirven. La trilogía "Fortaleza Espiritual" te acompaña en el despegue, en tu estrellato. Mi deseo es tu éxito, que puedas ser libre, que tu luz sea vista y que ni si quiera tú mismo lo impidas. Es mi propósito de vida, mi misión y mi deber moral para contigo.

La trilogía "Fortaleza Espiritual" está compuesta por los libros:

-"Fortaleza Espiritual: Supera tu Indefensión Aprendida y Gana el Juego de la Vida".

-"Mente Despierta: Domina el Laberinto"

-"Rolex Tóxicos: Vence tu cruzada emocional"

De mí dependió hacer algo grande con mi vida, esta trilogía es parte de mi legado para contigo y con mi descendencia. De ti depende utilizar tu dolor como trampolín o como lastre. De mi depende ofrecerte mi experiencia y conocimientos, todo lo que me ayudó a salir de cada pozo, las herramientas más poderosas que no sólo me sacaron de donde estaba, sino que me impulsaron a donde estoy.

Estos tres libros te ofrecen la base de tu despegue, son el alfa y el omega de la superación personal contada por una persona que ha trascendido y aprovechado a fondo situaciones límite en su vida: superando con seis años una vivencia extrema en una planta de aislamiento tras un accidente mortal, a los dieciocho una adicción a la cocaína y antes de los treinta una profesión altamente estresante que consiguió trascender y transformar en lo que hoy es, una coach de referencia.

Esa soy yo, y no me escondo por ello. Sé que tú también puedes hacerlo, porque yo lo hice. Tu vida es muy valiosa, tus metas han de ser inquebrantables, independientemente de la situación en la que te encuentres. La vida cambia en un solo segundo.

En esta trilogía encontrarás auténticos tesoros para impulsarte hacia donde quieras o sacarte de donde ya estás harto. Lo que verdaderamente me importa es que un día puedas decir: "Lo conseguí, éste soy yo y no me escondo por ello".

Te hago una advertencia muy importante:

"DE MI DEPENDE CONTARTE, ACOMPAÑARTE E INSTRUIRTE PERO DE TI DEPENDE DECIDIR, HACER Y CREAR"

Ana de Juan

Estos libros no son teóricos en su totalidad, al contrario, están plagados de ejercicios prácticos y actividades que habrás de realizar si realmente quieres lo que afirmas desear. Estoy completamente segura de que conseguirás todo aquello que te propongas pero depende únicamente de tu responsabilidad y compromiso para contigo. No hay resultado leyendo o hablando, sino decidiendo y haciendo. Esta trilogía te ofrecer el conjunto, aprovéchala bien.

Tú puedes hacer exactamente lo mismo que yo hice. Lee detenidamente y sabrás cómo, haz los ejercicios y lo verás en primera persona.

Desde el primer apartado, tienes herramientas a tu disposición, claves, ejercicios y un contenido altamente valioso para aplicar en tu vida. Un poco más abajo comienza una lectura suave, pausada, este libro se inicia con un impactante acontecimiento. Una vivencia contada por la persona que la vivió, una niña de seis años, mi niña interior, desde su perspectiva e inocencia. A lo largo del libro verás que me dirijo a ti en femenino y en masculino, que hablo desde la adulta, la niña o la adolescente; en todos los casos me dirijo a ti, no discuto sobre géneros o edades, me dirijo a tu esencia, a tu alma, a las experiencias que marcaron tu carácter, al espíritu que habita en ti.

Inicia una lectura consciente, ofrece respeto a tu SER, escucha de manera sagrada cada párrafo y regálate la oportunidad de trascender tu ego para poder crecer.

1. CUANDO SER FUERTE ES TU ÚNICA OPCIÓN: MI VIDA CON 6 AÑOS EN UNA PLANTA DE AISLAMIENTO

Me gustaría contarte mi historia, en este apartado parte de ella, un acontecimiento, el primero que marcó mi vida. Lo haré de una manera especial, narrándote la historia desde la niña que vive la experiencia, desde la pequeña protagonista del acontecimiento. Una niña que se encontraba en casa, siendo cuidada por sus familiares y que, por circunstancias, vio vulnerada su seguridad y protección.

Mi historia es dolorosa, puede herir tu sensibilidad pero ambas sabemos que somos unas guerreras y que lo que sucedió nos hizo más fuertes.

Quiero contarte todo lo que viví, lo voy a hacer con todo el amor del mundo y la máxima correspondencia a los hechos vividos en primera persona por mi niña interior, una pequeña de 6 años que sólo quería jugar y ser querida; una niña que estaba siendo cuidada por su familia una tarde lluviosa de sábado del mes de noviembre de 1987.

Con todo mi amor cedo la palabra a esa niña de 6 años:

Me llamo Ana y tengo seis años, es sábado y estoy en la casa de campo de mis abuelitos, hace frío y han encendido el fuego para calentarnos. Me gusta estar con mi familia, todos los sábados comemos paella todos juntos.

Hoy es un día diferente, está algo nublado y llueve un poco, acabamos de comer y mis padres se van a la casa del pueblo porque mi madre quiere hacer natillas. Esto me hace sentir un poco sola.

Llevo un chándal de algodón muy bonito de Charlie Brown color blanco con dibujos de Snoopy y su amigo el pájaro amarillo.

A media tarde mi prima Sara de 14 años me lleva a jugar al lavadero a un juego que se llama Quimicefa. Mientras estoy allí me doy cuenta de que no me gusta mucho jugar a eso, hay fuego, huele raro y creo que es un poco peligroso. Pero allí me quedo, mirando lo que ella hace con una probeta con alcohol dentro y con fuego sobre una rejilla de metal.

Estoy sentada, observando atentamente, callada, sin hacer nada.

El olor no me gusta y me da miedo. Ella termina de jugar y nos vamos juntas al salón de la casa donde están mis abuelitos jugando la partida a las cartas y al dominó de los sábados. Mi abuelita juega a las cartas con las mujeres y mi abuelito al dominó con los hombres. La tele está puesta, están haciendo los dibujos "Érase una vez la vida". Me siento en la esquina del sofá a verlos, junto a la chimenea que nos alumbra.

Al cabo de un rato mi prima se levanta y comienza a hacer algo en la lumbre, yo me pongo a su lado viendo cómo mueve un palito de madera. Ella está a mi izquierda, se gira y me mira diciéndome: "Ve al aseo a por el alcohol".

Como las dos estamos agachadas frente a la lumbre, me levanto y voy al aseo a por el alcohol. Entro en el baño y abro la puerta de la izquierda del armario de espejos. Casi no llego a la primera leja, con lo que tengo que ponerme de puntillas para llegar a la segunda, que es donde está el alcohol.

Cojo la botella, me giro y se la llevo al salón. Al llegar se la doy, ella la coge y comienza a echar alcohol sobre la lumbre encendida. De repente!...

Se incendia la salida de la botella. Ella la tira al suelo, intentando apagar el fuego que sobre sale por la parte superior, yo me asusto, estoy al lado con mi chándal de algodón asustada. Y en uno de esos traspiés, pisa la botella y todo el alcohol con el fuego sale directo hacia mí. El fuego me invade y comienza a quemar mi chándal de algodón y mi piel.

Cierro los ojos muy fuerte y salgo corriendo en llamas a abrazarme a mi abuelo Juan.

Tengo los ojitos cerrados y a mi cuerpo le pasa algo, está incendiado, tengo mucho miedo. Abro un poquito los ojos y veo el reflejo del fuego brillar sobre el marco de la puerta de salida de la casa.

Mi abuelito comienza a decir: "¿Qué pasa aquí?, ¿Qué pasa aquí?".

Después me doy la vuelta, creo que me caigo al suelo, o me tiran, no lo sé. No recuerdo qué pasa en ese momento, mi mente se ha desconectado para poder soportar el dolor que tengo tan grande en mi cuerpecito...

Me despierto del desmayo en el suelo, con muchos cojines encima y me levanto como puedo, de un sobresalto. Allí está mi familia. Entra por la puerta una amiga de mi abuelita y yo voy directa a ella llorando con mucho dolor, no lo puedo soportar. El dolor de mis piernas es tan grande que estoy mareada, como en estado de shock.

Un dolor sobrehumano me invade, una soledad perpetua, miedo, una búsqueda de mis padres ausentes y una sensación indescriptible y horrorosa del dolor que estoy sosteniendo en mi cuerpecito.

Me cogen en brazos y me suben al coche de Juan, un amigo de mi abuelo que se llama igual, vamos en dirección a urgencias. Todo pasa muy rápido mientras el dolor que voy sosteniendo es tan grande que a veces me mareo y no sé dónde estoy. Mi abuelita está sentada a mi derecha y mi prima a mi izquierda. Mi prima llora mientras me mira, mi abuelita me pone continuamente agua de Barcelona, el medicamento con el siempre nos cura las heridas.

Me cogen en brazos y me entran a urgencias, me duelen mucho mis piernas. De urgencias me llevan a otro lado en ambulancia. No sé dónde, estoy muy asustada, estoy tumbada en una camilla y oigo el ruido de la ambulancia. Mi abuelita está sentada delante, al lado del conductor. Si levanto la cabeza puedo verla.

¿Qué va a pasar?, ¿Dónde me llevan?

...

Estoy tumbada en la camilla, entrando a un sitio con luces blancas. Hay algunas personas con ropa blanca. Me meten en un lugar y me hacen mucho daño. Me meten en un sitio y varias personas me arrancan la piel quemada con el chándal de algodón, me desollan la piel sin ningún tipo de sedación, me levantan la piel quemada, la cortan con tijeras para tirarla.

Yo grito muy fuerte, ¡Me duele mucho!

...

Ellos no me hacen caso, siguen estirando y arrancando la piel cortándola con las tijeras. No puedo soportar tanto sufrimiento.

Después me sacan de esa sala de tanto dolor y me ponen en una esquinita de una sala contigua. Me quitan las braguitas y me ponen algo muy incómodo de color amarillo, como un cable para hacer pipi.

Cuando me doy cuenta siento alivio, giro la cabeza y veo a mi izquierda a mi mamá sentada.

No habla, no dice nada, tiene la mirada perdida, no ve. No sé qué le pasa. Mi mamá está como congelada.

No puedo con tanto dolor en mi cuerpecito, es tan grande que siento que me va a pasar algo muy malo. No paro de repetir todo el rato lo mismo llorando de dolor: "No me quiero morir, no me quiero morir" a pleno pulmón.

Unas personas me llevan en la cama a un pasillo y me dejan allí, apagan la luz. Me dejan en ese pasillo blanco, no entiendo nada. Gran parte de mi cuerpo está vendado y allí estoy yo en el pasillo del hospital en estado de estrés, sin sueño. Llamo muchas veces para que venga alguien conmigo, no quiero estar sola. Necesito compañía, necesito a alguna persona acompañándome.

Llamo sin parar: "Hola, ¿Viene alguien?"

Pero no viene nadie. Oigo a alguien a lo lejos decir: "Es hora de dormir, tienes que dormir". Creo recordar que alguien me había dicho algo antes: "mañana es domingo, a lo mejor traen para desayunar chocolate con churros". Pero yo necesito que venga alguien conmigo. Espero y sigo con la esperanza de que al final venga alguien a estar conmigo...

Pero nadie viene y termino durmiéndome del dolor y el agotamiento acumulado.

A partir de ese momento, mi ingreso dura varios meses hasta mi alta...

Estando aislada completamente del exterior, mis días acontecen sobre una cama, las primeras semanas entre la vida y la muerte, me pinchan cada varias horas para mantener los niveles de hidratación controlados. La cama tiene unas pesas para medir esos niveles. También me dan calmantes redondos sabor vainilla.

Cada día me llevan a un sitio horrible, le llaman "curas", allí hay una bañera de metal que tiene un asiento alargado con una especie de manta verde de hospital sobre donde me colocan. No me gusta que me hagan eso, duele mucho. Me raspan las heridas en carne viva con un estropajo, dicen que así evitan las infecciones. Y eso me lo hacen todos los días. El olor del jabón verde que utilizan para curarme es muy peculiar.

No me dan calmantes ni me sedan, preferiría que lo hicieran, todos los días el mismo calvario. Sólo siento dolor y sufrimiento, miedo constante, estar alerta crónicamente. Es como si no pudiese de estar pendiente de cuándo toca la siguiente ración de sufrimiento. Continuamente pienso lo mismo: "qué toca después"...

Me curan las heridas físicas, esas que se ven pero me gustaría que me cuidasen el alma, el dolor que tengo dentro, la pena, la tristeza, el abandono, el miedo y la incertidumbre. Esas heridas no las ven los médicos. No le hacen caso a lo que siento, da igual lo que diga, no importan mis sentimientos, ¿por qué no me preguntan cómo estoy?, ¿por qué me tienen que hacer tantas cosas todos los días?

...

Mis días transcurren sola en ese hospital, mis padres no están, no hay nadie de mi familia. Vivo sobre una cama en una habitación compartida. Sólo veo a mis padres a veces por un cristal y hablo con ellos a través de un telefonillo.

En la planta de aislamiento no puede entrar nadie por si introducen algún germen en la zona de cuidados intensivos. Mi familia son mis muñecos, me llevan muchos y me hacen sentir feliz, como querida. Les tomo un cariño inmenso, ésa es mi única familia, a la que puedo tocar, son como mis cuidadores emocionales en ese trasiego de médicos, enfermeras y auxiliares.

Mi familia son los muñecos y mis compañeros de habitación, pasan varios a lo largo de todo ese tiempo, me gusta mucho estar acompañada. -La verdad siempre he sido una persona muy sociable y me ha enriquecido mucho estar con otros seres humanos. Recuerdo a una señora mayor que ingresó y la destinaron conmigo, estaba allí en la cama de al lado, recuerdo que comencé a llamarla abuelita, me encariñé mucho con ella, fue mi abuela durante un tiempo, aunque bastante tendría la mujer para estar ingresada que le añadí la responsabilidad de ser mi abuela postiza, probablemente supongo porque era mayor y yo necesitaba una figura humana familiar con la que interaccionar. Fue bastante triste su despedida, recuerdo cuando se fue, me puse a llorar, no quería porque se me iba mi abuelita de ese lugar.

Recuerdo que después vinieron nuevos compañeros de habitación, uno tras otro y, cuando se ponían bien, se iban. Era como pasar constantes duelos familiares con diferentes personas. Me gustaba mucho que pusieran a alguien conmigo en la habitación, sentía calor y afecto, a veces no eran muy simpáticos pero no me importaba, yo me sentía acompañada y mi alma lo agradecía muchísimo-.

-Aprendo de alguna manera a vivir de ese modo, encariñándome y despidiéndome de mis acompañantes, me da mucha pena que se vayan, yo no quiero pero en aquél momento no podía comprenderlo, simplemente quería que se quedasen allí conmigo, para hacerme compañía y para tener a alguien con quien reírme a carcajadas o pasar un buen rato, dentro de lo que se podía.

Cuando se iban pensaba: "uff, otra vez sóla, qué rollo". Solía preguntarme a mí misma: "¿Hasta cuándo estaré aquí?" Pero allí nadie me decía nada de nada, así que a ser fuerte porque no hay más opción que serlo. Estoy segura de que tenía dos grandes ángeles de la guarda conmigo-.

Pasan los días y comienza el período de poder levantarme de la cama e intentar ver si puedo caminar de la manera que sea porque mis piernas están quemadas, sobre todo la derecha. Me dan un andador para ver si puedo desplazarme al salón principal de la planta de aislamiento, así que, con la pierna encogida y dolorida por las quemaduras, allí voy porque hay una tele y tengo ganas de ver los dibujos. Me siento en la cama e intento bajar para ponerme de pie, muy despacio, la piel no permite poder estirarlas ni siquiera andar con normalidad, así que ando encogida apoyada en ese andador. Parezco una viejecita de seis años andando con su andador y un pijama azul. Camino muy despacito porque me duele hacerlo, los pasitos son cortos pero la vista siempre mira al frente, yo sólo quiero ver más mundo que mi habitación, poder hacer pipi sentada en el aseo compartido y, por supuesto, ¡ver los dibujos de la tele!. Los últimos que había visto eran "Érase una vez la vida" la misma tarde del accidente en el campo de mis abuelos, aún parece que esté viendo los colores de los protagonistas en el televisor.

Es una sala muy grande donde también hay otras personas y tengo muchas ganas de relacionarme con ellas, "qué bien" pensé, "ahora puedo hablar con más gente y ver dibujos".

...

Mientras sigo andando siento que se hace complicado y muy lento andar de esa manera, pero no importaba, ¡ando! Y eso es lo que más me gusta. La pregunta que aparece dentro de mi cabeza es: "¿podré andar como antes? ¿Podré ser la niña que era antes que corría?" Me veo a mí misma de esta manera y me frustro porque dudo si podré andar como antes. Aún así no importa, la vista sigue mirando al frente.

Me cuidan mucho físicamente, con unos buenos médicos y enfermeros. Pero hay algo que no ven, falta algo muy importante: un médico del alma, alguien que me acompañe en mi dolor emocional. Necesito mucho el contacto y el afecto de otras personas pero no sólo físico, sino de comunicación, palabras de aliento, de quietud, de sostén, de amor. Tengo muchísimas emociones entremezcladas, preocupaciones, miedos y dolores insoportables a nivel físico y mental que no los ve nadie, sólo yo y yo sola los sostengo. Esto sólo me deja una opción:

Ser fuerte y punto, tragarme todo el dolor, el miedo, las emociones, todo dentro, sin sacarlo.

A día de hoy puedo afirmar que me desconecté de mí misma en el momento del suceso, como mecanismo de defensa me desconecté de mi alma, de mi propio ser interior, de mi guía, de mi propia esencia más profunda. Un cuerpecito tan pequeño así lo tuvo que hacer para poder sobrevivir, para poder seguir delante de alguna manera. Sólo así podía vivir, desconectando de un dolor tan grande que hubiese hecho explotar en pedazos mi sistema nervioso-.

-Necesitaba sobrevivir a pesar del dolor y seguir adelante a pesar de la ausencia y del abandono que sentía. Un abandono que no era real, que no fue tal pero que una niña de seis años no entiende, sólo siente carencia, necesidad de mucho afecto y compañía, de alguien que le diga que no se va a morir, de alguien que le coja la mano en esos momentos duros de hospital y sienta que hay alguien a su lado, aunque no hable, simplemente respirando. Una necesidad de amor muy grande-.

Pasan los días en ese hospital, con las curas y las visitas de mi familia a través del cristal, me encanta ver a mis padres cogiendo el teléfono para comunicarse conmigo y tocarlos, aunque sea dando golpecitos a través de la ventana.

-Recuerdo también algunas caras y nombres de personas que estuvieron allí ingresadas y que supongo que fueron importantes para mí, por eso las recuerdo: María Ángeles de Santa Pola, una mujer mayor que se había quemado las manos. Bueno mayor para mí en aquel momento, pero seguramente no llegaba a los cuarenta años. Llevaba las manos vendadas con eso que nos ponían, que eran como gasas recubiertas de unas redecillas con forma de rombos. O Ginés, un enfermero muy simpático que me curaba a veces, recuerdo que siempre quería que me curase él porque me cuidaba muy bien-.

Un día me llevo una gran sorpresa: otro niño pequeño como yo en la plata, "¡por fin un amigo para jugar!, por primera vez me divierto en este lugar". Corremos por los pasillos, bueno yo corro como puedo y nos reímos saltando sobre las camas. Un día Ginés, el enfermero, nos pegó el puro del follón que estábamos armando. No importa, es muy divertido jugar otra vez desde hace tanto tiempo. Los dibujos de la tele hacen su papel pero jugar en directo es mucho más divertido.

La verdad es que volver a poder hacer cosas de niña me ayuda mucho, para una niña de seis años recién cumplidos estar rodeada de adultos enfermos no es muy divertido, además, en la habitación de al lado, hay ingresado un hombre mayor que está loco y que no para de gritar por las noches, ni me deja dormir el abuelito este. Grito va y grito viene, entre calmantes y sueros me despierto con los gritos de ese señor que yo no entiendo en absoluto, pero menudos enfados me pillo teniendo sueño y sin poder dormir. El día que le dieron el alta hicimos una fiesta en la planta, vaya nochecitas.

La Doctora Rodes, una mujer con gafas negras, vestido y bata blanca, parece como una secretaria pispireta un poco gordita y bajita. Lleva unos zapatos de tacón negros que me encantan. Son como los de traje de gitana, con sus correas a los lados. A mí me gusta mirarlos, solía estar en la consulta mirando esos zapatos e imaginarme a mí misma zapateando por todo el hospital, bailando flamenco y luciendo presumida.

También suelo oír el nombre de mi cirujano, -su nombre porque jamás lo conocí en persona, salvo cuando me operó y ni me acuerdo porque iba sedada y durmiendo como un tronco, el Doctor Manuel Tafalla. Era como un ente invisible, como el Dios del hospital que nos operaba a todos los que habíamos por allí. Hablaban maravillas de él, "uno de los mejores, por no decir el mejor, cirujano plástico de España", "una eminencia". A día de hoy y desde mi operación no discuto estas afirmaciones, sinceramente bueno tenía que ser porque mis cicatrices son de portada de Vogue, además sin broma, era un artista el tío. Para ser una operación de 1987, mis piernas poseen un acabado impecable. Dentro de lo que cabe, son unas cicatrices muy bonitas que muestran mi fortaleza, mis "heridas de guerra", mi propia historia vital y de superación personal con un inicio temprano-.

En el salón de la televisión hay algunas camas y de vez en cuando veo unos carteles en los que pone: "en ayunas". Yo no sé qué es aquello, hasta que leo ese cartel en la cama del niño amigo mío y me dice que lo operan al día siguiente, que no debe comer porque van a meterlo a quirófano y que después de aquello se iría a casa. Mi mente comienza a pensar: "¡qué miedo! Lo van a dormir entero para operarlo, ¿y si le duele?, ¿y si no se despierta?". También pienso: "vaya, este chico ha llegado mucho después que yo y se va antes de aquí, y por qué a mí no me dan el alta?".

-La verdad es que mis pensamientos ahí se quedaban, en mi mente, en mi vida interior entre habitaciones de hospital. Solía hablar mucho y ser preguntona, pero los adultos allí no decían nada claro, a mí me parecía-.

También veo en el salón a un hombre al que le dan de comer por la nariz, está tumbado en esta sala del televisor, con una cosa amarilla que le sube por el orificio derecho de la nariz y yo pensando: "seguro que le hace daño, ¿le dolerá eso ahí metido?". Tiene todo el día eso puesto y casi no se mueve, ni si quiera abre los ojos, un miembro más de la gran familia de la planta de aislamiento.

-Recuerdo el día en que por fin me metían a quirófano, no me dijeron nada a lo largo de toda mi estancia allí, al parecer porque no querían que me preocupase o me diera más miedo pensar que un día me iban a meter a un quirófano y a dormirme entera. A veces aquél niño me decía: "¿a ti cuando te operan?" y yo le respondía: "A mí no me van a operar", estaba plenamente convencida, pero me equivocaba, se habían ocupado de que no me enterase hasta última hora para protegerme-.

Un día me levanto y veo puesto ese cartel en mi cama que dice: "En Ayunas" y me asusto, pienso: "vaya, ya me toca, ahora sí, de aquí no me escapo sin pasar por el quirófano, ojalá pudieran darme el alta sin ir a ese sitio". Tengo un miedo atroz pero no hay marcha atrás...

Al día siguiente, por la mañana, me suben en la cama a otra planta y me dejan en un pasillo pegada a una ventana, el día es soleado y muy azul. Una enfermera se acerca, la llamo porque tengo mucho miedo de pensar en lo que me van a hacer.

Ella se acerca y me dice: "no te preocupes, sólo te van a dormir y te van a abrir las vendas, si todo está bien te las taparán y no te harán nada" y yo entonces le pregunto: "Pero, ¿y si no están bien? ¿Qué me harán?". La pobre no sabe qué responderme, ni si quiera me dice nada claro, sólo intenta calmarme, está muy nerviosa. Al poco rato, me meten a una sala muy oscura con muchos focos en el techo, son enormes, me pasan de mi cama a una superficie muy dura y fría y veo una mascarilla que me recuerda a la de los buzos, negra; un señor me la acerca a la nariz, no recuerdo nada más sólo quedarme durmiendo.

Al parecer todo ha sido un éxito.

-Siempre tuve mucha energía vital, era una niña con un fuerte impulso a la vida que estaba creando, pintando, pensando, bailando, riéndome a carcajadas, jugando con mis amigos a los que agotaba. Así que esto no fue menos el día de la operación, fue una gran ventaja, ni siquiera me llevaron a reanimación, de quirófano salí medio espabilada. Recuerdo estar tumbada en la cama sintiendo como me llevaban de vuelta a la habitación, gritaba medio inconsciente mientras veía el movimiento del paseo en las luces del techo pasar. Incluso recuerdo nada más llegar ver a mis padres por el cristal con cara de preocupación. Se me entrecerraban los ojos aunque quería abrirlos, así que volví a quedarme durmiendo mientras veía los ojos de mi madre a lo lejos-.

Por fin llega el día, me dan el alta. Mis padres han venido a recogerme, siento mucha alegría, además al llegar a casa me hacen mi comida preferida: ¡espaguetis con tomate!

Voy para casa en el coche con la pierna derecha totalmente escayolada en recto con los puntos puestos, para que no se arrugue la piel y pueda andar correctamente después. La pierna izquierda la llevo vendada pero sólo el muslo. Estoy durante mucho tiempo tumbada en el sofá del salón de casa de mis padres y mi padre me lleva en brazos cada vez que quiero ir a hacer pis. Son momentos de más tranquilidad, estar con mis padres es el mejor bálsamo del mundo.

-Pero aún queda una segunda parte, el dolor físico había dado una tregua de momento pero todavía no había dicho adiós...

Definitivamente, tras varias semanas, toca volver a quitarme los más de 150 puntos del injerto que llevo en la pierna derecha. Volvemos al hospital de Alicante, a curas, vuelta a las batas blancas y a ver a esos enfermeros pesados, algunos son simpáticos pero ese día no hay ninguno de ésos en este día.

Es el momento de quitar todos los puntos de la operación. Abren la escayola, mi madre se desmaya, ve mi pierna tan pequeñita tan negra de tantos puntos que piensa que se ha hecho gangrena. No es así, con lo que hay ya es bastante. Comienzan a pegar tijeretazos a cada punto, "duele mucho". Pero aquellos siguen quitando puntos muy rápido con las tijeras, es el día de los enfermeros estúpidos, con lo simpático que era Ginés. -Hubiese dado lo que fuera porque él estuviera allí pero no, tocaban otros. Tampoco se les ocurrió sedarme, el único método de contención del dolor fue ponerme un pañuelo en la boca mientras gritaba hasta que me quitaron todos los puntos. El pañuelo acabó manchado de sangre de tanto gritar del dolor.

Por fin, pasó todo, todo el daño físico: las curas, los sueros, los estropajos, las operaciones, los puntos; y también el emocional: el sentimiento de abandono, los llantos, la frustración, el miedo, la incertidumbre, la ausencia de aliento, la pena. Pasaron pero no fueron dichos ni expresados, pasaron en mi cuerpo y en mi mente, pasaron en la tercera planta del hospital general de Alicante entre sábanas y batas blancas, pasaron un otoño oscuro del 87.

Sin embargo, no pasaron del todo realmente, esta experiencia de supervivencia me ha acompañado siempre. y gracias a ella hoy estoy aquí contándotela, sabiendo lo que sé y ayudándote.

Doy gracias a la fortaleza de espíritu que tengo y que tú también tienes para soportar lo que estás viviendo y lo que vendrá porque tú y sólo tú tienes el Poder y la Capacidad de salir de la Indefensión Aprendida.

Al igual que yo, hoy es momento de que tú te des permiso para expresar a voces tu dolor, tu sufrimiento, es momento de validar tus emociones y tus sentimientos. Tu dolor, tus carencias y tus necesidades son importantes y en ti se encuentra el mayor tesoro para cubrir todo lo que mereces, sin recortes, sin eufemismos.

¡Es hora de hablar claro!

Saca a tu niña interior y dale todo tu amor. Mi niña interior mira y honra a la tuya. Mi niña interior acompaña a la tuya, no estás sola, yo estoy contigo.

Mi misión es ayudarte con todo mi amor a que veas quien eres realmente porque sólo sabiendo quién eres, descubres la luz en el fondo del túnel que lleva a la puerta de salida de la indefensión aprendida.

En las siguientes líneas explico de manera exhaustiva qué es y cómo opera la indefensión aprendida. Un fenómeno que todo ser humano sufre o ha sufrido en algún momento de su vida.

La mejor manera de salir de un laberinto es conocerlo a fondo, sigue leyendo y descubre cada atajo, cada escondite

2. QUÉ ES Y CÓMO OPERA LA INDEFENSIÓN APRENDIDA. CREANDO EL PLAN DE ESCAPE

Se trata de un concepto que acuñó el psicólogo Martin Seligman. Él explicó el funcionamiento de la mente humana que operaba bajo este mecanismo basándose en una investigación experimental que realizó con animales. Realizó un experimento que variaba algunos matices con el de Paulov sobre condicionamiento clásico.

Para refrescarte la memoria, las investigaciones realizadas por Paulov confirmaban que un estímulo, a priori neutro, podía convertirse en un estímulo condicionado. Para ello, realizó un análisis experimental, mostrando cómo cada vez que daba de comer a su perrito, hacía sonar una campanilla. De este modo asociaba en la mente del perrito la comida a la campanilla. Al cabo de un tiempo, cada vez que Paulov hacía sonar la campanilla, el perrito salivaba sin la presencia de comida. Este hecho confirmaba la asociación psicológica del estímulo neutro (campanilla) al condicionado para generar saliva (comida).

El ser humano puede hacer exactamente lo mismo con la mente. De hecho, los coach trabajamos con anclajes por asociación para ayudar a nuestros clientes a generar emociones positivas o a mejorar el rendimiento deportivo.

Aunque no seas deportista de élite o hayas asistido jamás a un coach, tú tienes anclajes, es algo que sucede a menudo, por ejemplo cuando vas por la calle y, de repente, siente un olor que te conduce a tu infancia; en ese momento tu mente saca a la luz un anclaje entre dos estímulos: el olor y la vivencia de antaño.

El anclaje o la asociación de estímulos se da en el ser humano de manera positiva o negativa. En el primer caso, cuando el anclaje une un estímulo a una situación positiva o potenciadora; en el segundo cuando el estímulo nos traslada a una experiencia desagradable o invalidante.

La mente es un instrumento maravilloso cuando sabes utilizarlo, a priori lo mejor es empaparte de cómo funciona con el profundo manual de conocimiento de la mente humana que tienes delante. Escribo con el único objetivo de ayudarte.

La indefensión aprendida también es un mecanismo de anclaje, en este caso se produce, no por un proceso de repetición, como en las investigaciones de Paulov, sino por un mecanismo de alto impacto emocional; vivir una experiencia límite o intensa sobremanera, por ejemplo, un accidente o cualquier violación de un derecho personal.

Ha de saber el lector que la mente humana posee gran complejidad y que, al igual que cada ser humano es diferente, cada mente humana también lo es. Con lo cual, lo que ha de quedar meridianamente claro en la comprensión de este manuscrito es que lo relevante no es la vivencia en sí, sino el modo el que la vive el protagonista, la forma en que penetra su ser, cómo ha influido en sus profundidades, de qué manera ha digerido la vivencia. Ésto es lo verdaderamente importante y aquí radica la conciencia del observador frente al juicio del que etiqueta. Miremos a la persona, ella es la única que sabe realmente cómo vivió su propia experiencia, independientemente de cuál sea ésta.

El fenómeno de la indefensión aprendida es producido por un anclaje, una asociación causa-efecto con resultado negativo. El padre de este concepto fue el psicólogo Martin Seligman y utilizó, al igual que Paulov, una investigación experimental con perros como protagonistas para ofrecer una explicación sobre la operativa mental del mecanismo.

Seligman introdujo dos perros dentro de una jaula con el fin de transmitirles corrientes eléctricas dolorosas. El primero tenía la posibilidad de aprender a cortar dichas corrientes dando un golpe con el hocico a un botón; sin embargo, el otro animal no tenía dicha posibilidad, no existía botón alguno, con lo cual no podía parar las descargas.

Lo que sucedió fue que el primer perro aprendió a pulsar el botón con el hocico, se mantenía alerta y cortaba la corriente cuando ésta aparecía. Sin embargo, el otro perro se ponía nervioso, daba vueltas y, al no poder hacer nada, acabó paralizándose, viviendo asustado y cayendo en una depresión. El animal se agachaba en una esquina, gemía y comenzaba a llorar rindiéndose a las descargas.

Esto siguió sucediendo aún cuando en la segunda parte del experimento Seligman cambió las condiciones y ofreció al perro pasivo la posibilidad de realizar el mismo dominio sobre las corrientes que tenía el primer perro, es decir, Seligman colocó al segundo perro exactamente en las mismas condiciones que había colocado al primero al inicio del experimento.

El perro no sólo no aprendió a pulsar el botón que ahora sí tenía, sino que directamente se iba a llorar a una equina.

Por si fuera poco, Seligman suavizó las circunstancias y añadió nuevas variantes para ayudar al perrito asustado elaborando una caseta de metal con las paredes más bajitas, accesibles para el escape del perro mediante un salto. Sí, puedes leer perfectamente: el perro podía escapar, saltar e irse, ni si quiera tenía que aprender a utilizar el botón.

Pues, a pesar de todo ello, el animal siguió teniendo una conducta de parálisis y conformidad. El perro seguía yéndose a llorar a una esquina de una caseta cuyas paredes podía saltar sin apenas esfuerzo. El aprendizaje del perro, a causa de la primera experiencia, fue que las descargas eléctricas sucedían al azar sin que pudiese hacer nada para evitarlo, a pesar de tener un botón o ser libre de dar un salto y escapar.

La mente del perro y su condicionamiento eran más poderosas que lo que el perro tenía delante de sus ojos y podía ver. Era incapaz de ver lo que tenía delante.

¿Te has parado a pensar esto detenidamente?

...

Este mismo tipo de patrón nos sucede a seres humanos que hemos estado expuestos a castigos, maltratos, experiencias altamente traumáticas, hemos vivido un acontecimiento de alto impacto emocional negativo en la vida, o lo hemos digerido de este modo, generando la creencia de que fuimos impotentes, no pudimos hacer nada para salvarnos o para evitar esa situación.

Una creencia que fue real en su momento pero que no lo es en la actualidad.

¿Recuerdas el perro que podía escapar pero no veía cómo hacerlo?

...

Las emociones son tan poderosas que ejercen influencias como filtros perceptivos.

La indefensión aprendida se ha investigado en otros campos experimentales, incluyendo también a seres humanos. Por ejemplo, en investigaciones sobre la conducta infantil de niños que vivían en orfanatos, se comprobó que sucedía exactamente lo mismo cuando el niño lloraba y no se le daba una respuesta por parte del adulto. Permitiéndole al niño llorar sin darle respuesta, el niño terminaba por callar, por dejar de llorar. Conformándose con su situación, aunque tuviese hambre, sed o necesitase un cambio de pañal.

La persona desarrolla numerosas creencias al respecto que distorsionan la percepción sobre su autoestima y sus verdaderas capacidades, tales como:

No soy importante.

Mis sentimientos no importan.

Da igual lo que haga, el resultado será negativo.

No merece la pena esforzarse, es una pérdida de tiempo.

Nadie me ayudará.

No merezco que me sucedan cosas positivas.

No tengo poder sobre mi vida.

No confío en la vida.

No confío en mí.

No hagas nada, no puedes evitar el sufrimiento.

Te mereces sufrir.

Lo normal es que te hagan daño.

Yo no soy capaz de ayudarme a mí mismo, por eso he de buscar un salvador ahí afuera.

Una persona que sufre de indefensión aprendida no saca su agresividad, no muestra su enfado, a veces incluso ni conecta con él. Una persona que sufre de indefensión aprendida, proyecta su enfado contra sí misma, provocándose un fuerte daño interior. Generalmente le cuesta muchísimo decir "no" a los demás a causa de su baja estima.

La persona minimiza el esfuerzo y la respuesta ante los estímulos de la vida porque piensa que su actuación no va cambiar nada, es decir, cree que no tiene capacidad de cambiar su entorno ni sus circunstancias.

Cuando un niño pequeño es sometido a un gran control en su desarrollo evolutivo y se le impide que interactúe demasiado con el mundo o no se le dan unas bases adecuadas que le permitan empoderarse influyendo sobre el entorno, va a vivir gran parte de su vida en modo de indefensión aprendida, viéndose mermado su desarrollo a nivel cognitivo, emocional y neurológico.

La indefensión aprendida se produce en personas que hemos sufrido una situación altamente traumática en la infancia, haciéndonos vivir, por lo general, con un estrés crónico. Con un trastorno de estrés postraumático importante que funciona como generador de cortisol, una de las hormonas más tóxicas para la salud.

Cuando una persona sufre maltrato o un tipo de situación altamente dolorosa, su conciencia se desconecta como mecanismo de supervivencia. Ésta se identifica con su agresor o agresores, provocando una desidentificación de sí misma. El resultado es que la persona condicionada vive desde fuera de sí misma, desde otro lugar que no le pertenece. Con lo cual, conseguir metas y objetivos propios, se convierte en ardua tarea.

¿Te has sentido así alguna vez?

...

Así es exactamente cómo funciona el Síndrome de Stokolmo.

Las personas que han sufrido un acontecimiento altamente traumático, bien sea una violación, un secuestro, un accidente, una agresión o un maltrato, generan una sensación de culpa interna y una identificación con el causante de la agresión. Es un mecanismo de la mente.

A causa de ello, incluso la propia víctima puede dificultar el proceso de sanación evitando sanar porque se siente culpable. La víctima niega la parte violenta de su agresor. A su vez desarrolla un vínculo afectivo y se ignoran las necesidades propias, volviéndose la víctima hipervigilante a las necesidades del agresor[1]. (Universidad San Francisco de Quito)

---

1   Proyecto de Investigación en Psicología Clínica sobre el Síndrome de Estocolmo en el Ecuador Contemporáneo. Fuente Bibliográfica: Extraído de http://repositorio.usfq.edu.ec/bitstream/23000/6354/1/130878.pdf con fecha: 15/07/2018.

Se crean numerosas distorsiones cognitivas a causa de un mecanismo que se genera en las víctimas que padecen este síndrome. Entre este tipo de distorsiones se encuentran, según Graham[2]:

1. Percepciones estrechas: estas son las percepciones que se centran en lo inmediato, esto quiere decir, en sobrevivir en el aquí y en el ahora.

2. Negación del abuso: la víctima no se considera a sí misma como abusada, cuando en realidad lo está siendo.

3. Minimización del abuso: disminuye el alcance del abuso - "no es tan malo, otras personas pasan peores cosas".

4. Racionalización del abuso de sus perpetradores: ver la causa del abuso de los victimarios como algo externo a los mismos, que son motivados por causas exógenas.

5. Auto-culpa: la víctima ve a su abusador como una persona bondadosa, pero se ven a sí mismos como malos y sienten culpa por lo que les pasa.

6. Magnificación: ve a su abusador más poderoso de lo que en realidad es y considera los deseos de su abusador como propios e incluye: odiar las características personales que el abusador crítica. Esto conlleva a que la víctima piense que carece de valor y por lo tanto merece el abuso. Tiene la creencia central de que no merece ser amado o apreciado incluso por sí mismo.

7. Ve a las personas que tratan de ayudarla a escapar de su abusador como "perversos" y a su abusador como "bueno".

---

2 Graham, D. L. R., Rawlings, E., & Rimini, N. (1988). Survivors of terror; Battered women, hostages, and the Stockholm Syndrome. In Yllo, K., & M. Bograd (Eds.), Feminist perspectives on wife abuse (pp. 217-233). Thousand Oaks: Sage Publications, Inc.

8. Ve los pequeños gestos de amabilidad de su abusador como bondades fantásticas. Estas bondades generan esperanza en la víctima, de que su victimario dejará de ser abusivo en el futuro. En consecuencia ven la violencia generada como un signo de cuidado o amor hacia la víctima.

9. Cree que la relación con su abusador fuera perfecta, si el abuso no ocurriera.

10. La víctima trata de ser lo suficientemente amable y dócil para poder sobrevivir.

11. Cree "amar" profundamente a su victimario, por lo que piensa que es indispensable tener el amor y cuidado del abusador para poder sobrevivir.

12. Se siente agradecida con el abusador porque no la ha matado aún. Piensa que si es desleal con el abusador, éste tomará represalias.

¿Te has sentido identificada con alguna de ellas?

...

Soy consciente de que ahora mismo te has dado cuenta de cosas que antes no podías ver. No te preocupes, no estás sola yo estoy contigo en este camino de superación.

Cuando una perdona sufre un alto impacto emocional negativo se despersonaliza como mecanismo de defensa. Es decir, se disocia.

Según la investigación científica de tesis doctoral "Trastorno por estrés postraumático en víctimas del terrorismo: evaluación clínica, psicofisiológica y pericial[3]", algunas de las secuelas del trastorno de estrés postraumático son:

1. Reexperimentación traumática (recuerdos, imágenes, pensamientos).

2. Sueños y pesadillas traumáticas.

3. Reexperimentación en forma de conductas y sentimientos.

4. Evitación conductual.

5. Desinterés por las cosas, actividades y personas.

6. Distanciamiento y extrañeza.

7. Limitación afectiva

8. Desesperanza.

9. Dificultades de concentración.

10. Sobresalto

…

Soy consciente de que necesitas saber, comprender más. En este libro tienes muchos datos y vas a tener muchos más en la trilogía con el fin de que puedas elaborar la información. Conforme vayas adquiriendo conocimientos, comprensión y orden mental, irás consiguiendo orden en tu vida. Toma conciencia de todo lo que vas leyendo, subraya e integra lo que puedas en base al ritmo que puedas llevar. Mientras lo haces ten por seguro algo: de toda experiencia de indefensión aprendida se puede salir, la condición sine qua non es que quieras hacerlo.

---

3   Fuente bibliográfica: tesis Doctoral de la Universidad Complutense de Madrid, extraída de: http://biblioteca.ucm.es/tesis/med/ucm-t25064.pdf con fecha: 25/07/2018.

Dentro de este libro tienes todas las claves para poder hacerlo. Es un paso a paso en el proceso que te ofrece la posibilidad de cambiar tu vida ya, aquí y ahora, con un soporte explicativo teórico-práctico que, punto por punto, te acompaña en el proceso.

Es un libro verídico acompañado de investigaciones científicas al respecto. En cada apartado tienes mi toque personal a través de ejercicios que me han ayudado a mí personalmente y que, si los haces correctamente, te ayudarán a ti a salir de la indefensión aprendida, hazlos todos y no dejes nada para después. Si algo me hizo salir del estado de victimismo fueron las ganas y el trabajo duro cuando correspondía.

¿Quieres salir de tu cárcel?

¿Qué estás dispuesta a hacer para romper los barrotes?

...

Desde los 6 años hasta los 33 viví buceando por el laberinto de la indefensión, después comencé a despertar del trance hipnótico al que mi mente estuvo sometida durante toda mi vida. Lo hice cuando tomé conciencia de que ya me había dolido lo suficiente.

No fue algo agradable, fue a través de muchísimo dolor, cuando vivía con una pareja, anclada a una situación de esclavitud psicológica. Quería a ese hombre pero esa relación no me hacía bien, sentía dolor crónico aunque yo seguía ahí manteniendo ese sufrimiento y sintiéndome culpable por ello. Lo realmente sorprendente no era que sostuviera semejante dolor, sino que, además, me culpabilizaba. Creía que algo estaba mal en mí, que tenía yo la culpa y que debía cambiar yo para agradar a ese hombre porque yo no estaba bien, no era correcto ser como era.

El sumun de la anulación personal se podía palpar en mi sentimiento de vergüenza por sentir lo que sentía, por conectar con mis auténticos sentimientos. Además, buscaba su aprobación de manera sistemática, por eso le confesaba lo que sentía, una y otra vez, mientras me culpabilizaba y le trasladaba que yo era la que debía cambiar. Con lo cual conseguía agrandar todavía más su ego y disminuir sobremanera mi autorrespeto y, por ende, mi autoestima.

Insistía e insistía en cambiarme a mí misma para adaptarme a él, pensaba que era yo la que estaba mal, que había algo malo en mí. Que mis sentimientos no eran importantes y que sólo eran válidos los de él.

Una anulación de mi propia personalidad como puedes ver querido lector.

¿Te suena?

...

Piensa algo: ¿En qué momentos de tu vida has reprimido tus sentimientos porque pensabas que no estaba bien sentir eso? Piensa y escríbelo:

...

____

____

____

¿En qué momentos tragaste tu sentir porque sabías que el de enfrente no iba a aprobar lo que pasaba por tu corazón?

...

Anótalos:

____

____

____

____

____

____

Cuando una persona sufre indefensión aprendida, suele identificarse con todo lo exterior, cubriendo carencias de las personas que le rodean para que la quieran y la reconozcan. Probablemente esto te suene, piensa si es lo que tú estás haciendo con algunas de las relaciones que tienes; llenando todas las carencias de las personas que viven a tu alrededor para que te den un poco de amor, te vean o te reconozcan. Incluso para ponerles en deuda con el fin de que te den lo que tú necesitas o, peor aún, para que te den lo que tú no eres capaz de darte a ti mismo. Date cuenta de qué personas dependes emocionalmente, de quién esperas que te salve, a quién buscas cada vez que tu ego necesita aliados. Piensa detenidamente cómo son tus relaciones, quiero que tomes conciencia aunque te duela, no hay otro camino si deseas trascender. Confío en ti y deseo que lo hagas.

Reflexiona profundamente y escribe con honestidad a ti mismo, te lo debes.

¿De quién buscas aprobación?

...

____

____

____

¿Qué estás haciendo para conseguirla?

...

____

____

____

¿Qué precio estás pagando mendigando amor a esas otras personas?

...

____

____

____

¿Qué consecuencias reales tiene mirar a los que tienes alrededor dejando de mirarte a ti?

...

____

____

____

¿De qué formas te autoabandonas?

...

____

____

El autoabandono es un mecanismo común que suele acompañar a la indefensión aprendida. Se da como resultado del sentimiento de impotencia interior y la creencia de que sólo otro (y no tú mismo) puede salvarte. Debajo de esta operativa subyace la creencia de que no puedes contigo, de que no eres capaz de salir adelante o reconducir un acontecimiento concreto. La realidad no es esa, pero es lo que tu mente dice constantemente, impidiéndote ver los caminos que puedes tomar aunque estén frente a ti. ¿Recuerdas el perrito?

...

Sé que ahora mismo la lectura se hace cuesta arriba, no te detengas y sigue, apuesta por tu victoria. La cima de la montaña te espera, el triunfo sobre ti mismo, no te decepciones y sigue. El esfuerzo trae su recompensa y ahora debes ser honesto contigo mismo para llegar al punto que deseas. Sólo depende de ti, ni si quiera yo puedo subir tu montaña, te ayudo, te acompaño pero tu montaña es tuya, tu victoria es tuya, sigue y no te detengas.

El autoabandono tiene sus ventajas, que alguien te salve, te cuide y decida por ti. Seguir siendo un niño pequeño, dejando que otro opine y decida tus cosas, que te guíe y te lleve. Que tome decisiones y que sea él quien se equivoque, así tú te vas de rositas. Viene muy bien cuando criticas o culpas a otros pero no tomas responsabilidad de lo tuyo.

ES MUY FÁCIL HABLAR Y JUZGAR DESDE LA GRADA, ES CÓMODO SÍ. LO DIFÍCIL ES ACTUAR, APOSTAR, ARRIESGAR Y TOMAR LA RESPONSABILIDAD DE TU

VIDA. EL CAMINO NO SERÁ PLANO PERO, AL MENOS, HABRÁS APRENDIDO, MADURADO Y CRECIDO.

Vivir en la queja y la evasión de la responsabilidad es cómodo sí; puedes seguir culpando a los demás, también seguir sintiéndote una víctima, puedes seguir anclado a ese acontecimiento que un día te dañó o te hicieron pero eso significa que no crecerás, seguirás siendo el resultado de las decisiones de otros, ¿realmente deseas llegar al final de tus días y darte cuenta del precio que estás pagando por esa comodidad?

...

Respóndete con franqueza:

¿De qué manera evitas tu responsabilidad?

...

____

____

____

¿Sobre quién depositas tu responsabilidad, a qué personas o acontecimientos estás encomendando tu vida?

...

____

____

____

¿Qué precio estás pagando por ello?

...

____

____

____

____

____

____

____

No sigas leyendo hasta que no hayas respondido a estas preguntas. No lo hagas si no quieres engañarte a ti misma. Piensa lentamente y escríbelo, sé honesta contigo misma. Sigue tu respuesta a continuación:

____

____

____

____

Lee detenidamente lo que sigue a continuación:

Bajo el hechizo de la indefensión aprendida, lo que tu mente desconoce es lo que está sucediendo delante de sí misma, es decir, tu percepción se está viendo plenamente sesgada, distorsionando los hechos objetivos por la subjetividad de un acontecimiento que viviste antaño. Estás percibiendo a través de los filtros del dolor y de la falta de estima. Te sientes pequeña frente al que o a lo que tienes delante; no sabes que puedes actuar y cambiar las cosas. No lo sabes porque estás perdida en un laberinto, estás anulándote por completo para vivir desde los zapatos del que tienes delante. Excluyes tu alma para llenar tu cuerpo de una energía externa.

¡Despierta!

¡Deja de abusar de ti misma!

¡Tus sentimientos son importantes!

¡Tus emociones son importantes!

¡Tú eres importante!

Deja de ningunearte a través de los demás. Recuerda el mecanismo estrella del Síndrome de Estocolmo: la víctima empatiza con el agresor, se identifica con él.

No te autodestruyas ni culpabilices, no niegues tus propios sentimientos creyendo que no son aceptables, en cambio comienza a dar valor a lo que sientes.

Eres importante y valiosa. Decide, actúa, arriésgate, ¡aunque te equivoques!

Si tú no lo haces, no lo va a hacer la persona que tienes enfrente. Atrévete a comenzar a romper con todas las relaciones tóxicas que orbitan a tu alrededor. El mecanismo de la indefensión aprendida se ve reflejado en tus relaciones con los demás, en tus modos de relacionarte y de hablar, así como en tu comunicación. El tercer libro de esta saga "Roles Tóxicos: Vence tu Cruzada Emocional" está dedicado a ello. Acude a él y léelo cada vez que lo necesites, es un libro de referencia en el mundo de la comunicación interpersonal e intrapersonal.

Ahora quiero que pares y reflexiones con mucha calma sobre los ejercicios que has realizado, sobre tus formas de operar y tu relación contigo misma. Te lo debes por derecho de conciencia y por todo lo que has vivido y sentido. Empatiza y simpatiza con quien eres de verdad, a quien debes explicaciones: tú misma!

Deja de querer complacer a quien no te trata bien porque la mente, las emociones y el cuerpo irán por caminos diferentes. Generando movimientos encontrados, paradojas y dicotomías. Haz que aparezca la coherencia para alcanzar tus metas. Comienza a apostar por ti y a dejar de dañarte por dentro, deja de arrancarte el alma para dársela a otros.

El que muerde la mano del que le da de comer suele lamer el culo del que le daña

¡Recuérdalo!

Este libro es para ti, sácale todo el jugo, léelo una y otra vez, exprímelo. Deja de esconderte, lee, aplica, comprende y obtén.

Ponte manos a la obra aquí y ahora, en este momento. Deja de escuchar a los que te critican, aunque el pensamiento te confunda, sé más lista, escucha tu espíritu, escúchate a ti, despierta!

¡Confío en ti, eres grande!

ERES MUCHÍSIMO MÁS LISTA E INTELIGENTE DE LO QUE CREES, TUS PATRONES MENTALES SÓLO SON UNA MILLONÉSIMA PARTE DE LO QUE ERES EN REALIDAD

Para una mente dañada, su zona de confort es el sufrimiento crónico y constante, las relaciones tóxicas y la autoanulación de la propia personalidad. En el tercer libro de esta trilogía: "Rolex Tóxicos, Vence tu Cruzada Emocional" puedes conocer todo lo que necesitas al respecto para salir vencedor frente a la comunicación disfuncional y las relaciones tóxicas.

Salir de ahí no es un camino llano pero sí merece la alegría vivirlo, la recompensa es alentadora; el premio que se espera al otro lado multiplica en bendiciones del esfuerzo realizado. Eres muy lista, actúa a tu favor. Lee la trilogía, haz los ejercicios pero no cometas el error de intentar comprender con la mente lo que tu alma entiende.

...

Viviendo bajo el trauma de la indefensión aprendida, es la mente la que engaña, distorsiona, abruma y confunde. Sin embargo, el espíritu sabe de sobra a qué ha venido; ante la duda, haz caso al alma.

Viviendo en un sufrimiento crónico se consigue normalizar lo que no es normal. El dolor es algo que llevamos en nosotros, viene cada vez que vivimos situaciones que no nos gustan o rechazamos. Pero el sufrimiento es voluntario, consiste en tener apego al dolor, no querer dejar ir la emoción. El sufrimiento parte de la no aceptación de una situación que no puede ser de otra manera porque ya sucedió. Es negar la realidad, lo evidente, no querer algo que tienes delante, evitar lo inevitable. Por ende, tu mente se aferra al dolor porque te impides vivirlo, lo niegas, huyes.

En cambio, cuando aceptas el dolor y te permites vivirlo, el sufrimiento desaparece, dando paso a una nueva situación de aceptación y trascendencia. El dolor ha sido visto, se ha permitido sentir una emoción real que está ahí, que ha surgido ante un acontecimiento; una emoción valiosa que contiene información. Cuando permites a la emoción expresarse en su plenitud, la trasciendes. Al dejarla ir, das paso a otra realidad más evolucionada para ti. El sufrimiento es apego al dolor y rechazo de lo que ES.

Puedes seguir negando, viviendo desde la no aceptación, te dolerá pero será llevadero mientras tu vaso no se rebase. Aunque tu vaso ha de ser rebasado para que puedas decir Basta!

Si has llegado a tu tope, la supervivencia y tus más profundos instintos de vivir una vida plena y con dignidad te ayudarán a salir de la situación que te atormenta, escúchalos. Hay momentos en que ya no vas a poder negar lo que sucede y, aunque te duela, debes darle las gracias porque ese dolor será tu trampolín de salida.

...

Durante la negación, la mente distorsiona, engaña, evita, sabotea. Pero, a pesar de que tu mente consciente no comprenda bien lo que está sucediendo, tu cuerpo sí comprende; tu alma grita bien alto lo que no te hace bien.

Escúchala atentamente!

...

El alma va por delante, sabe, conoce; en cambio la mente es mucho más limitada, va tarde y distorsiona. En el segundo libro de esta trilogía titulado: -"Mente Despierta: Domina el Laberinto" tienes hasta el último de los engaños con los que te confunde la mente, los entresijos del laberinto perceptivo, así como las herramientas necesarias para jugar la vida desde un profundo conocimiento de la mente.

Si en este momento te sientes en una situación confusa de la que no sabes salir lee el libro, estúdialo, haz todos los ejercicios, confía, ten fe y actúa conforme grite tu espíritu, aunque no lo entiendas en este momento, ten por seguro que un día sí lo entenderás.

Sé que a veces tienes miedo, no sabes por dónde ir, desconfías, incluso te sientes incapaz, sin fuerzas, crees que lo que atraviesas es muy grande para ti y que necesitas ayuda. Todo eso es basura emocional y frases que emite la mente ante el inicio de la sanación. Es el síntoma de que tu mente se está drenando porque estás actuando. Ten la certeza de algo:

Cuando actúas de una manera diferente a cómo lo has hecho hasta ahora, al menos, has cambiando la situación que tenías hasta ahora

Has cambiado tú misma la situación porque, al cambiar de acción, has cambiado el grado; después tendremos que ver el grado de cambio, la dirección y la intensidad que necesitas para dirigirte hacia el lugar deseado.

Quiero que sepas que me tienes para todo lo que necesites; el acompañamiento de tu coach es fundamental para transitar el mejor y más adecuado camino para ti. Puedes ponerte en contacto conmigo y pedir tu cita individual en:

www.coachingconanadejuan.com.

Si así lo sientes pon remedio y haz algo en este momento!

¡La madre de la indefensión aprendida es la pasividad, recuérdalo!

¡Si es tu deseo y tu intuición te lo grita, ponte en contacto con nosotros en este mismo momento para reservarte tu espacio con nosotros lo antes posible!

...

Ahora, hazlo ya!

Cuando lo hayas hecho, puedes seguir preparándote con tu trabajo interior. Es momento de seguir entrenándote de veras. Responde a la siguiente pregunta:

Si te encuentras en una situación que deseas cambiar, piensa cuál es el primer paso que has de dar para salir de donde estás, ¿Qué acción te sacaría del lugar que ocupas? Piensa y escríbelo:

____

____

____

____

NO SIGAS LEYEDO HASTA QUE LO HAGAS, NO PIENSES, NO TE CUESTIONES. DEJA EL LIBRO SOBRE LA MESA Y HAZLO EN ESTE MOMENTO. PON EN MARCHA TU LIBERTAD, DA EL PRIMER PASO QUE TE SAQUE DE DONDE ESTÁS. HAZLO AHORA, HAZLO YA!

¡INSISTO, NO SIGAS LEYENDO, HAZLO AHORA!

Si de verdad quieres apostar por ti lo harás, el resto seguirá leyendo. Si no puedes hacerlo en este momento preciso, entonces planifica en este preciso momento: pon fecha y hora para hacerlo, busca el lugar adecuado, el momento propicio para la acción acertada.

____

____

____

____

Depende de ti, no va a venir nadie a salvarte, no va a pasar nada que cambie las cosas, ¿Quieres que se te pase toda tu vida esperando?

...

Si haces algo por ti, por lo menos saldrás de donde estás. Pero si no haces nada, alimentarás tu estado de victimismo.

¿Quieres eso?

...

Yo sé que puedes hacerlo, y que cada vez estás más cerca de tu libertad; de facto o en potencia, tienes todos los recursos que necesitas para cambiar las cosas. Haz que las cosas pasen y ponte manos a la obra.

...

A la mente le apasiona el drama, es adicta al discurso de siempre, te ofrecerte escusas para permanecer en ese estado, genera argumentos que racionalizan tu sufrimiento. Te quiero, eres un ser humano brillante y capaz, grande, merecedor de todo lo bueno que la vida tiene para ti. Haz a un lado esa barrera de sabotaje y suelta. Hazlo por ti, te lo debes.

Todas las creencias que tienes se generaron en tu mente porque un día sucedió algo que te hizo daño, pero eso ya pasó, ahora sólo queda que dejes de hacerte daño tú. Eres un ser de luz, amoroso, creativo, inocente y bondadoso.

Eres capaz de iniciar una nueva vida comenzando en este mismo momento, el poder se encuentra en el momento presente. Esta frase la recordaré siempre porque la dijo la escritora estadounidense Louise L. Hay. Es una de las fuentes bibliográficas que contiene este trilogía, junto a muchos otros expertos de relevancia en el desarrollo personal.

También fui una persona que vivió situaciones complicadas, límites; tuve que sostener momentos en los que pensaba que moría, otros que me hacían creer que no era capaz de salir de esa situación. A veces, incluso ni veía la solución aunque la tuviese delante. Sin embargo, mira dónde he llegado. He conseguido, no sólo trascender mi sufrimiento, soltar el dolor, cambiar mi vida y convertirme en una coach de referencia con resultados probados.

Si yo he podido hacerlo, tú también puedes. No sólo eso, sino que sé que lo vas a hacer, incluso, mejor que yo. Recuerda que mi acompañamiento y las herramientas que te ofrezco son un sólido soporte que te sirve de experiencia.

Te amo!

...

Ámate y no preguntes por qué, regálate la vida, ofrécete palabras de amor y bondad. Siéntete, quiérete, celébrate!

Vivir desde el espíritu eleva tu vibración, no importa lo que pasó. Vivir desde el alma ayuda a la sanación. Cuando una persona siente que sufre de indefensión aprendida, vive en una mentira de la mente y deja los sentimientos relegados a un segundo plano. Lo hace porque así aumenta su sensación de control sobre las cosas.

El hándicap es que restas tu poder espiritual frente al falso control del ego. Quedas a merced de tu distorsión, dirigiendo tu vida a través de un órgano que no eres tú, sino que se identifica con cosas que vivió. Suelta ya tus mecanismos de defensa. La mente pretende encerrarte en su cárcel para continuar engañándote, contándote la misma película una y otra vez, como un disco rayado.

La mente te hace vivir en una celda pequeña, en un cofre que te protege de un mundo catalogado de inseguro para ella, dependiendo de la cosa o situación. En cada uno de los libros de la trilogía tienes teoría y práctica dedicadas a la salida del laberinto de la mente, la trascendencia y el amor.

Cuando nuestra vida es pequeña se convierte en algo monótono, repetitivo y rutinario. También se convierte en un conflicto crónico y constante, en un sinsentido que nos lleva a reproducir el drama. Acepta tu dolor, incluso si es demasiado fuerte. Para construir hemos de tomar todo lo nuestro, incluyendo raíces y cimientos. Sanémoslos!

¡Construyamos sobre sólido!

...

Puede ser que un día te rompieras en pedazos o que tu vida está patas arriba pero eso ya pasó, ahora te toca recomponerte, ayudarte y ofrecerte lo mejor. Cree en ti, yo lo hago! Te lo debes.

Actúa como el ser valioso e importante que eres. Tienes la capacidad de construir algo bello, una vida bonita. Confía en ti, Dios te acompaña, en ti se encuentra todo lo que necesitas para crear sólidamente. Es un derecho de conciencia darte la oportunidad de apostar por ti.

...

Los milagros existen, sólo son cambios de percepción, puedes hacerlos, sólo has de proponértelo. Tu mente es muy pequeña, ínfima comparada con la inmensidad de tu espíritu que posee la profundidad del universo. Eres valioso, te mereces existir, pertenecer, decir ¡Aquí estoy yo!

No te abandones porque un día algo te dolió mucho, de todo se sale y con todo cimiento saneado se puede construir. Sé disciplinado con tu sanación.

Es tu niño interior el que carga las heridas, pero el adulto puede ayudarle, además es su trabajo. Hagámoslo!

Aceptemos que el adulto comprende lo que sucede pero el niño se ancló a la emoción. Has de saber que el adulto posee la responsabilidad de ayudar al niño. Si comprendes esto tienes la mitad del trabajo ganado. Haz los ejercicios ayudando a tu niño interior.

Ya pasó todo lo que debías pasar, ahora lo que importa es qué vas a hacer con ello.

Puedes hacer dos cosas: o seguir llorando y quejándote en una postura victimista, o construir algo bello con todo eso. Optando por lo segundo ya sabes que estarás haciendo alquimia.

...

La saga que tienes ante tus manos contiene todo aquello que me ayudó y me hizo salir de cada uno de los infiernos que viví. Te facilito herramientas que a ti también te servirán para salir de donde estás. Te cuento, además, mi historia, una historia que no te dejará indiferente. Tú eres mi propósito querido lector, acompañarte y mentorizarte hacia tu bienestar y tu equilibrio son mi meta vital. Con ella pretendo ayudarte a que veas de dónde se puede llegar a salir para que puedas darte cuenta de que tú también puedes hacer algo valioso por ti mismo a partir de tu dolor y de tu sufrimiento, son las bases de tu imperio.

Fíjate bien, el fuego es un elemento vinculado a la ira, a la destrucción. Pero también es algo bello.

Con fuego puedes quemar un bosque pero también crear la más bonita de las vasijas de barro.

¿Comprendes lo que significa alquimia?

...

Aprovecha y realiza los ejercicios, te ayudarán a limpiar y drenar tus emociones.

Deja fluir tus sentimientos, escribe qué te enfada, qué te entristece y qué te hace sentir así. Hazlo a continuación, coge una hoja de papel en la que puedas escribir más si necesitas más espacio, puedes adjuntarla doblada en esta parte del libro.

Déjate guiar por tu alma, ponte la mano en el corazón y haz unas respiraciones profundas para comentar a escribir. Después coge el lápiz con tu mano no dominante e inicia la escritura poco a poco, paso a paso. Tu hemisferio derecho va despertando, tus emociones se van abriendo paso...poco a poco...

Mediante la escritura con la mano no dominante, fomentamos nuevas conexiones neuronales, conectamos con nuestras emociones y tomamos contacto con el niño interior, el que contiene la información valiosa. Escribe con tu mano izquierda si eres diestro o derecha si eres zurdo. Hazlo con calma, despacio, respirando, hazlo ahora mientras lees, respiras, conectas:

____

____

____

____

____

____

____

Llora, grita, patalea y cágate en quien quieras. Hazlo ahora, tienes permiso, ¡aprovéchate!

No pases al siguiente paso hasta que lo hagas. Hazlo correctamente y el resultado será el adecuado para ti. Para conseguirlo no te saltes pasos, el resultado ha de ser el esperado. Depende de ti. Te acompaño y te ayudo dándote los pasos, pautas y herramientas, pero lo que tú hagas con ello son tus decisiones.

Independientemente de los apartados dedicados a herramientas prácticas específicamente, vas a encontrar múltiples ejercicios en toda la extensión de los libros; tu conciencia en su realización es fundamental. Estos son libros que te abren a la transformación y al cambio.

Sólo cuando hayas realizado un ejercicio, pasa al siguiente. Para finalizar este ejercicio, reflexiona el tiempo que necesites sobre ese dolor que ha aparecido y pregúntate: ¿Qué me están diciendo estas emociones?

...

Después escribe qué te dicen y qué puedes hacer con ello; de qué manera te pueden impulsar y qué puedes construir con ello. Tómate todo el tiempo que necesites y coge todos los folios necesarios para realizarlo.

____

____

____

____

____

Recuerda:

¡El dolor es inevitable, el sufrimiento es voluntario!

...

El dolor es parte de la vida, viene con los acontecimientos y, si le permitimos que exista, se irá igual que vino. Sin embargo, cuando nos apegamos al dolor o no le permitimos que se exprese, nos sumimos en una espiral de sufrimiento. El sufrimiento es apego al dolor, un estado de dolor perpetuo al que nos enganchamos

cuando no deseamos dejar ir o desapegarnos del dolor. El modo en que ese sufrimiento es infligido es a través de los pensamientos, de la mente, con la película que nos contamos a nosotros mismos sobre lo que sucede, sobre el modo en que definimos y describimos los hechos que vivimos.

SI ESTÁS MUY CANSADO, NO ABANDONES, SÓLO DESCANSA Y SIGUE DESPUÉS

Tienes la capacidad de alquimizar tu realidad, sólo necesitas perdonarte, nada más. Te comprendo, sé lo que piensas cuando te da el bajón, sé que te enfadas o te pones muy triste con lo que te sucedió, te preguntas a ti misma: ¿Por qué yo?, ¿Por qué a mí?,

...

Sé inteligente comprendiendo que todo lo que sucede en tu vida es para ti, hazte las preguntas correctas:

¿Qué puedo hacer con esto?

¿Qué puedo construir?

¿Qué cosa bella puedo crear con mis pedazos?

Ama tus contradicciones, tus equivocaciones y tus paradojas. Ama tu dolor, abraza tus heridas, alquimiza dando luz y color a aquello que no quieres mirar. Envuélvelo de amor y comprensión de lo incomprensible. Acaba lo inacabado, abraza lo rechazado, celebra tu vida.

...

Déjate llevar, reflexiona y escribe desde un profundo amor por ti misma:

____

____

____

____

____

Ahora sí, ya es momento de ponerte manos a la obra para empezar a escalar tu montaña del éxito. Para ello, lo primero drenar tus emociones, soltando piedras, así el camino se hace más fácil.

La mente funciona por estructuras, axiomas y conexiones neuronales; además de ello, la mente estructura el mundo que percibimos y define nuestra posición en él, colocándonos en primer lugar, segundo o fuera del perímetro de nuestra vida. La culpabilidad, por ejemplo, es una emoción que estructura nuestra posición colocándonos por debajo de los demás, poniéndonos al servicio de las circunstancias y disminuyendo nuestro autorrespeto y autoestima.

El amor, en cambio, estructura nuestro yo de manera amplia, favoreciendo la sensación de flow en el transcurso de los acontecimientos de la vida. Arma nuestra personalidad llenando los huecos y carencias. Nos sitúa como auténticos actores protagonistas de nuestra vida, nos aporta fuerza y poder de decisión y acción, autorrespeto, autoestima y respeto hacia el mundo y hacia el prójimo.

Ahora piensa detenidamente, respira profundamente y responde a las siguientes cuestiones:

Si tu vida estuviera delimitada por la figura que observas a continuación, ¿dónde te sitúas?

Pon un muñequito como este donde corresponda:

"Lo primero que puedes preguntarte es sí estás dentro o fuera de la figura. A continuación pon la carita dentro de la circunferencia. Recuerda que la carita eres tú y la circunferencia tu vida.

¿Dónde te sitúas en tu vida: centrada, desplazada o fuera de ella? Dibújate según te dicte tucorazón.

Sin emitir juicio alguno y a modo de análisis puedes preguntarte cómo te sientes estando en ese lugar.

____

____

____

____

A continuación toma conciencia de la responsabilidad que tienes al respecto:

____

____

____

____

Tú eres la persona que ha colocado la carita, tienes el poder de situarte en ese lugar o en cualquier otro. Tus pensamientos, decisiones y acciones han provocado que así sea. Con todo ello has generado una serie de movimientos que te han llevado a unos lugares y no a otros. ¿Por qué no comenzar a realizar movimientos conscientes que te lleven a los lugares donde quieres estar?

...

Libera el juicio y la culpa, déjalos ir. Céntrate en tus sentimientos, en tu verdad, comienza a tomar conciencia del poder que realmente tienes y a ejercerlo de manera consciente.

Háblale a tu mente con cariño y comprensión para que responda de la misma manera. Háblate de amor y de esperanza, de nuevos horizontes.

Ábrete a la luz, a lo nuevo, a aquello que puede ofrecerte un punto de vista diferente, bienestar en el camino, un futuro bueno para ti, porque te lo mereces. Te mereces cosas buenas, te mereces que la vida te acompañe, te sonría y te vaya bien. Te mereces vivir en paz, poder descansar. Te mereces vivir plenamente!

...

Amarte a ti misma con respeto, con comprensión y llevarte a la vida con amor mejora la relación más importante de tu vida: la que tienes contigo misma.

Facilita que tus relaciones se vean mejoradas, favorece tu bienestar y el bienestar de tus seres queridos se incrementará. La relación más importante que tenemos en las vida es la que tenemos con nosotros mismos, cultivando el amor a uno mismo, cultivamos el amor al prójimo.

...

¿Quién serías si amaras profundamente al dolor que te atormenta?

...

Un famoso psiquiatra decía:

"La depresión es como una señora de negro. Si llega, no la expulses, más bien invítala como una comensal en la mesa, y escucha lo que te tiene que decir."

Carl Gustav Jung

Cuando venga, escucha lo que quiere decirte el sufrimiento para poder hacerle frente como merece, desmenuza cada matiz, no rechaces nada, acepta todo lo que tiene para ti como alguien que escucha atentamente una interesante historia.

Medita un ratito y escribe todo lo que escuchas desde el más profundo respeto y amor a ti mismo:

____

____

____

____

____

____

Ama y respeta ese dolor como parte de ti, dale su lugar, honra lo que para tu vida representa.

"Lo que niegas te somete, lo que aceptas te transforma"

Carl Gustav Jung

El paso número uno para el cambio es aceptar todo lo que forma parte de nosotros, aunque sea feo y no nos guste. Sobre todo si es feo y no nos gusta, porque detrás de esa evitación se encuentra la bendición que esperamos.

Acepta tus partes oscuras, tómate al completo con cariño y amor, como a un niño pequeño que anhela ser amado. Abre tus brazos al dolor, al abuso, al rechazo; abre tus brazos a la inconsciencia a la imperfección, al defecto. Ábrete a amar en toda su extensión tu experiencia vivida, abraza cada momento como si fuera único y entiende que fue así porque así tuvo que ser.

Date cuenta de que cada una de tus decisiones y cada uno de tus movimientos te han traído hasta aquí, a ser quien eres. Cada segundo de tu vida representa un trozo de ti, sagrado y valioso, digno de ser honrado.

Escribe cuál es tu tierra prometida, qué destino quieres alcanzar. Escribe desde la paz que aporta la aceptación de lo que es. Hazlo con conciencia:

____

____

Ahora sólo nos queda dar el primer paso para llegar; trazar un plan de acción que acompañe el anhelo de tu alma.

Puede ser que quieras llegar a un lugar que te genere placer o salir de un lugar que te genera dolor. En cualquier caso está bien, lo importante es el camino que vamos a trazar, escribiendo qué pasos necesitas dar en dirección a ese lugar que deseas.

Estoy segura de que sabes exactamente qué cosas te acercan y qué cosas te alejan de tu destino. Escríbelas a continuación en dos bloques:

Cosas que me acercan a mi destino:

Cosas que me alejan de mi destino:

____

____

____

____

Sabes qué es lo mejor para ti, así que comencemos a andar.

...

Vayamos con el plan, te voy a ayudar paso a paso a que salgas de tu infierno, quiero decirte que no estás sola y que yo estoy contigo, que juntas vamos a conseguir grandes cosas. Estoy segura de que eres capaz de conseguir todo lo que te propongas, lo sé porque estás leyendo este libro. Por eso sé que eres una luchadora y que vas a hacer todo lo necesario para construirte una vida a tu altura. Yo estaré a tu lado para acompañarte y felicitarte.

Comienza a trazar un esbozo de tu plan de acción. Ya eres conocedora de qué te acerca y de qué te aleja de tu anhelo. Es hora de que comiences a elaborar las líneas principales de actuación.

A continuación tienes una plantilla para que reproduzcas en una hoja tamaño folio apaisada:

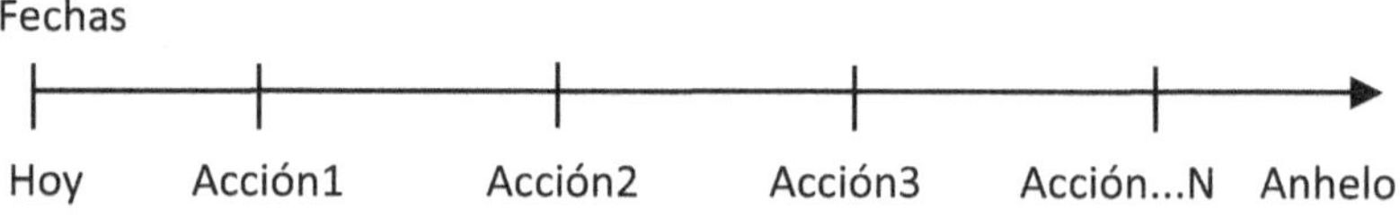

Como puedes ver, se trata de que escribas en un segmento delimitado por la fecha del día actual y tu anhelo, las fechas y acciones que vas a llevar a cabo que van a dirigirte al punto deseado.

Recuerda que el objetivo final puede ser salir de una situación, trascenderla, romper con tu presente si es doloroso. En ese caso, puedes definir tu situación final como la situación deseada después de finiquitar tu situación presente de sufrimiento. A veces no sabemos lo que queremos pero sí sabemos qué es lo que no queremos.

Si te siente identificada con esto, imagina tu situación final deseada como una situación que no contiene eso que tienes ahora mismo; en su lugar, pon aquello que te haría feliz. No tienen por qué ser cosas físicas o materiales, puede ser, por ejemplo, un sentimiento o un estado emocional. En cuyo caso tendrás que detectar, en primer lugar, todas aquellas cosas y personas que están contribuyendo a que tu estado emocional sea el que tienes ahora mismo. A continuación, tendrás que pensar qué debes dejar de hacer para que tu vida vaya limpiándose.

Una acción puede consistir en dejar de hacer una acción que estabas haciendo y que te perjudica. De hecho dejar de hacer algo, es una acción en sí misma. Con lo cual, ve pensando y escribiendo qué acciones nuevas debes llevar a cabo y qué acciones anteriores debes abandonar para alcanzar tu estado deseado.

En primer lugar establece la fecha en la que quieres que tu anhelo esté realizado. Sé firme con este tema. No rígida, sino firme. Escribe la fecha actual en un lado del segmento y la fecha de tu deseo cumplido en el otro lado del segmento.

Revisa todas las acciones que has escrito en listas anteriores, tanto las que te conducen al objetivo, como las que te alejan, escribe en este segmento las que te acercan, tanto las acciones nuevas que debes realizar, como las acciones antiguas que tienes que dejar de hacer. Hazlo escribiendo la fecha en la cual vas a llevar a cabo la acción; y, con respecto a las segundas, escribe la fecha en la cual vas dejar de realizar esa acción, tú decides el momento, sé firme. Coge tu folio apaisado, comienza a trazar un plan verosímil y realizable.

Algunas pautas para ello:

En primer lugar, con respecto a la definición del objetivo, has de ser conocedor de los parámetros que han de darse para que tu objetivo esté bien definido. Un objetivo ha de ser mensurable, es decir, medible. Para ello pregúntate:

¿Cómo sabré que mi objetivo está cumplido?

¿Qué dato me ayudará a comprobar que esté conseguido?

____

____

____

En segundo lugar, las acciones han de ser realizables por ti. Abandona el exceso de presión y el perfeccionismo con acciones no verosímiles. La vida se compone de fractales y, como tales, la realización de un fractal ayuda a la construcción del todo. Establece acciones que te supongan algo de resistencia pero que puedas vencer, de este modo adquirirás cada vez más confianza en ti mismo. Recuerda: realizando una parte ayudas al todo.

En tercer lugar, sé más inteligente que el sabotaje de tu mente. Cuando atraviesas tu zona de confort, la mente comienza a emitir información en contra en un intento de convencerte de que eso que vas a hacer es malo. Todo aquello que salga de la zona de confort de la mente, ésta lo etiqueta como peligroso. Momento en el que comienza a urdir su plan de evitación o sabotaje. Has de ser mucho más inteligente que ella. Algunos consejos que te servirán:

-Deja hablar a tu mente pero no la escuches. Imagina que cierras la puerta del pasillo a un niño pequeño impertinente.

-Haz algo que te saque del bucle mental, desde una actividad deportiva a un paseo. Corta la rumiación.

-La mente intentará secuestrar tu cuerpo con emociones limitantes. Si aparece miedo, pánico, desesperación, vergüenza, culpa o impotencia, no luches contra ellas, acéptalas y reduce su efecto corporal mediante respiraciones conscientes y un buen vaso de agua. Sigue actuando a pesar de la emoción limitante, respira y actúa, eso te ayudará a salir del secuestro corporal.

Después de realizar la acción sentirás una agradable sensación de poder y autoafirmación. Puedes darte un pequeño premio por lo conseguido, aunque atravesar ese límite ya es el mejor premio.

...

Si tienes tu plan, ya tienes las acciones y también algunas herramientas que te ayudarán a lo largo del proceso, estás preparada para salir ahí fuera y atravesar la barrera de la inacción.

Ahora bien, acabas de aprender lo fácil, lo complicado viene cuando quieras cambiar tu lugar o posición mental de ti misma en tu mente.

Detrás de la indefensión aprendida coexiste un sentimiento de culpa que ha hecho que te coloques por debajo de muchas cosas y personas. El cambio comienza por ti y por cómo te ves a ti mismo en tu mente; el auténtico límite pasa por darte el permiso de hacerte grande y soltar las barreras que han estado anclándote a la mediocridad psicológica, a la culpa y al autocastigo.

Lo primero es dejar el juego de roles y soltar el machaque mental para dejar de perder tu energía en esa lucha. No tiene nada de inteligente poner a otras personas por encima de ti, deja de aniquilar el poder personal del que eres consciente que tienes.

Como paso previo a la ejecución del plan, debes saber cuál es la consecuencia de seguir apegado al modus operandi de la indefensión aprendida. La piedra filosofal es la programación neurolingüística, cómo es el discurso que te dices, qué estructura tiene en tu mente lo que piensas de ti misma y del mundo. En qué lugar te colocas a ti misma y cuáles son las relaciones que estableces con otras personas.

Dentro de un proceso de indefensión aprendida suele haber culpa, miedo y falta de autorrespeto. Dejando de verte a ti misma en aras de ver a otras cosas o personas. Cuando el dolor es intenso borras tu papel de la ecuación; pero borrándote no consigues respeto. Además te mereces todas las bendiciones del mundo. Te mereces que te vean, te respeten y te amen, que te tengan en cuenta y valoren tu presencia, tus éxitos y alegrías; pero también mereces comprensión por tus fracasos y amor a pesar de ellos.

Tú eres importante!

Lee atentamente, en el siguiente apartado entramos en el campo de la adolescencia, la siguiente etapa crucial en el desarrollo de la personalidad y las relaciones sociales.

Acabas de realizar algunos ejercicios para ordenar tu etapa temprana, felicítate antes de continuar. Hemos sentado las bases de tu despegue, hemos abierto el drenaje de tu niño interior. Hemos definido tus metas y has establecido un plan de acción con fechas y acciones. No está nada mal teniendo en cuenta que acabamos de comenzar.

A lo largo de las siguientes páginas descubrirás nuevos aspectos de tu vida y de ti misma. Puedes volver a revisar los ejercicios anteriores cada vez que desees, puedes cambiar, añadir o modificar todo lo que necesites, siempre y cuando te ayude es perfecto. Asegúrate de que todo te ayude a elaborar una fuerte estructura en tu interior, tu vida se construye sobre unos cimientos. Ahora nos ocupamos de sanarlos y colocarlos en su orden adecuado.

Muchas de las páginas de esta trilogía te ayudan a descubrir, por primera vez, qué es lo que sucedió en aquellas situaciones que viviste y que no entendiste. Lee muy despacio y atentamente para que tu mente pueda digerir la información y tu alma sea tratada con cariño mientras bucea en un laberinto de experiencias.

Tienes ante tus manos el conocimiento necesario para aprender las pautas que rigen la base de tus relaciones; el tercer libro "Roles Tóxicos: Vence tu Batalla Emocional" es un profundo manual de referencia para comprender la forma de comunicación que aparece tras la psicología que subyace a cada uno de los comportamientos interpersonales.

Reflexiona:

¿Recuerdas aquel momento en que sufriste por amor y no comprendiste por qué te hicieron eso?

...

¿Quieres comprender por qué te sientes pequeño con unas personas y grande con otras?

...

¿Te gustaría saber qué puedes mejorar para enfrentar una situación y trascenderla?

...

¿Quieres romper el bloqueo que tanto te impide expresarte?

...

¿Te gustaría comprender punto por punto qué está fallando en tus relaciones familiares o laborales?

...

En definitiva,

¿Quieres aprender cuál es y cómo opera tu psicología en la forma de relacionarte con los demás, entendiendo paso a paso lo que está pasando, mejorando tu comunicación y tus relaciones, aprendiendo a amarte sanamente y ayudando a mejorar las relaciones que tienes con el entorno y con tus seres queridos?

...

Si es así, esta trilogía te ayudará a que, por ti mismo, alcances todas las respuestas. Por eso insisto en que leas muy despacio, hagas conscientemente los ejercicios y vuelvas a puntos anteriores si es necesario. A veces necesitamos retroceder para ordenar y coger impulso.

Acompáñame en tu proceso de descubrimiento, se trata de un proceso precioso de transformación. Ábrete a conocer y a aprender a superar tus mecanismos operativos inconscientes mediante el amor, el conocimiento y la comprensión.

Ven conmigo, disfrutemos del camino!

3. VIVENCIAS AL LÍMITE, EL EGO NUBLA LA SALIDA PERO EL ALMA CONOCE LA PUERTA HACIA LA LUZ

Soy plenamente consciente de tus inquietudes, tu impaciencia por salir del túnel negro, te comprendo perfectamente, durante una temporada también viví bajo esos barrotes, encerrada. Acompáñame, abandonemos el juicio, aceptemos nuestro punto de partida en el proceso de aprendizaje, respiremos, lloremos, riamos y vayamos de la mano.

Una de las claves más importantes de todo el libro viene a continuación, integrando lo escrito en líneas sucesivas:

Cuando un ser humano se encuentra en la jaula de la indefensión aprendida puede pensar dos cosas. Por un lado, creer que esa jaula la ha puesto alguien para él, encerrándolo y siendo su verdugo; o bien, puede creer que esa jaula la ha puesto él mismo, tomando la opción de tener la certeza de que de él depende romperla y salir de ella.

La salida de la indefensión aprendida depende exclusivamente de las atribuciones que hacemos a las circunstancias que nos pasan. Si tenemos la creencia de que son las circunstancias las que dominan nuestra vida, estamos perdidos.

En cambio si creemos que nosotros somos los únicos creadores de nuestras circunstancias, habremos dado el primer paso hacia la salida del desamparo.

Este apartado está dedicado a todas las personas que han superado o están pasando por una adicción en sus vidas. Si es tu caso y te encuentras en la cárcel de la drogadicción, este apartado está especialmente dedicado para ayudarte con los mismos recursos que yo puse en marcha cuando superé mi adicción a la cocaína.

Máxime, en este libro tienes las bases que necesitas que te ayudarán a superar una adicción. Las conductas adictivas crean auténticas cárceles mentales de indefensión aprendida y profundos infiernos emocionales, tanto para el adicto como para sus familiares. Si es tu caso, quiero ayudarte con todo mi corazón, desde la mujer que soy ahora y desde la adolescente que fui. Quiero que conozcas bien y practiques todas las herramientas que explico a lo largo de esta saga, quiero que leas detenidamente este apartado. Cuando nos encontramos en un proceso de desintoxicación, nos sentimos solos, tenemos dolor y desesperación, pero es mucho mejor que la oscuridad perpetua a la que te lleva la adicción.

...

Tras mi paso por los hospitales volví al colegio, saqué el curso escolar con buena nota, a pesar de haber perdido tres meses de clase. Tuve la suerte de que mis padres me apuntaron a clases de apoyo. No fue fácil la vuelta, sobre todo porque tuve que hacer grandes esfuerzos para ponerme al día. Tampoco lo fue a nivel social, pues ese verano, por prescripción médica, tuve que llevar chándal de invierno para que no le diese el sol a mis cicatrices. Fue un verano diferente, con 6 años sin jugar en la piscina y a la sombra. Quizá pueda parecer algo traumático pero esa disciplina me hizo ser quien soy hoy, fue importante para superar otros retos vitales. En la vida todo sirve sabiendo cómo utilizarlo.

Vivir es lo más importante, recuerdo que las cicatrices pasaban desapercibidas por delante de mis ojos; los pantalones cortos y las minifaldas fueron motivo de fiesta tras el alta definitiva. Lo importante para mí: estar viva.

Con la llegada de la adolescencia cambiaron algunas cosas, durante el período en que nos volvemos vulnerables, la atribución de los acontecimientos es trasladada al exterior, con lo que la autoestima personal sufre un descenso. Comienza la necesidad de pertenencia al grupo, las salidas, las nuevas experiencias.

Algo que fue motivo de alegría para mí, se convirtió, con la adolescencia, en motivo de exclusión.

...

A una chica popular del colegio se le antojó que no le gustaban mis cicatrices. Aludiendo a que las tapara cuando lucía pantalones cortos. Mi niña interior tan contenta se dejó persuadir por una compañera algo celosa. Con la edad y la experiencia así lo deduje, pues mis cicatrices le robaban protagonismo a ella.

Se trataba de una chica que llevaba ropa de marca y que infravaloraba a las personas que no la llevaban. Yo no llevaba ropa de marca como ella, así que no era aceptada. La necesidad de pertenencia a un grupo es lo más importante para un adolescente, por eso se trata de una edad crítica.

Aquella chica tenía la cara llena de granos; en cambio, se metía con mis piernas. Como digo, la indefensión aprendida se ve reflejada en nuestra comunicación, en nuestra forma de interactuar y de ponernos en nuestro lugar.

De hecho, te sugiero que consultes el tercer libro de la trilogía "Roles Tóxicos: Vence tu Cruzada Emocional", te servirá para darte cuenta de cómo ayudarte a ti mismo o a tus seres queridos cuando se encuentran en una situación donde se produce un abuso en la relación. La comunicación es la madre de las relaciones, con ella puedes cambiar una situación o salir de ella. Lo que te mantiene atrapado es tu psicología, pero cambiando tu psicología, amplías tu perspectiva y, ampliando tu perspectiva, tienes el conocimiento necesario para ponerte en tu sitio mediante palabras. Tienes acceso a todo el conocimiento de la mente en el segundo libro de la trilogía: "Mente Despierta: Domina el Laberinto". Tu otro libro de consulta paralela. No subestimes ninguno de ellos, se trata de un conjunto de sabiduría sinérgica para ti. La suma de ellos contiene las claves que necesitas, no sólo para trascender una sensación de indefensión, sino para elevar tu autoestima a un nivel que te permita conseguir fácilmente tu propósito.

Volviendo a la situación que viví durante mi preadolescencia, puedo afirmar que, en aquellos momentos, la ruptura de esa situación era fácil, sólo había que expresar la respuesta correcta: "¿por qué te fijas en mis piernas y no en tu cara llena de granos?"

...

Con esta respuesta no sólo ofrecía un comentario asertivo, sino que me colocaba en mi lugar, al mismo tiempo que hacía ver a la otra persona su mecanismo inconsciente, poniéndola a ella en su lugar también.

Sin embargo, en aquel momento yo no tenía herramientas para hacerlo, ni la psicología necesaria. Mi autoestima era tan bajita que el miedo a no pertenecer o a ser excluida pesaba más que mi libertad de expresión.

Si te encuentras en una edad crítica o tienes hijos adolescentes, fomenta su autoestima con autoafirmación, con amor y comprensión.

Si tienes hijos y deseas ayudarlos de corazón, ayúdate a ti misma primero, haz tus deberes, drena tus emociones, sana tu esencia

Después de hacer tu trabajo, tienes más de la mitad del trabajo hecho. Tus hijos son tu reflejo, ayúdate y les ayudarás a ellos. Respétate y respeta a los demás. Conoce cuál es tu lugar, así serás capaz de educarlos para respetar y ser respetados. Todo aquél que es educado con valores sólidos, posee las bases para construir una vida plena, llena de amor y soporte emocional. Mira de cerca a tus hijos, llénalos de vida, de atención consciente para que puedan crecer libres de vacíos y carencias.

Siempre agradeceré a mis padres haberme apuntado a clases de ballet tras mi accidente. Un deporte artístico que ayudaba a mi pertenencia a un grupo y la flexibilidad y fuerza en mis piernas, también valores como la disciplina y el trabajo duro para conseguir metas. Con los años sé que fue la actividad que más me ayudó a salir adelante y a tomar ilusión por la vida y por brillar en mayúsculas.

A pesar de todos los esfuerzos que hizo mi familia por ayudarme, no podían evitar que viviese la experiencia que debía vivir para ser la persona fuerte y resiliente que soy hoy.

Los resultados de mi trabajo tienen su origen en experiencias altamente traumáticas, por eso son impecables, por eso soy conocedora de la tecla mental que hay que apretar a cada momento, precisamente por el profundo conocimiento de los más sombríos entresijos de la mente.

A continuación tienes la oportunidad de leer algo que te hará cambiar la percepción de muchas cosas, una desoladora experiencia que utilicé a mi favor para construirme en quien soy hoy, la historia de una adolescente que fue adicta a la cocaína y que superó la indefensión aprendida de la adicción rompiendo moldes y cárceles mentales sin dilación:

Todo comenzó cuando cursaba COU, siempre había sido una estudiante brillante, estaba contenta de los amigos que tenía, en casa nunca faltó nada y no podía quejarme de la vida que llevaba.

Sin embargo, había algo dentro de mí que estaba cansada de tanta perfección, máxime porque sentía plena desmotivación en esos momentos. La adolescencia es un período muy crítico cuando la desilusión llama a la puerta.

Soy una persona de emociones fuertes y la sensación de vivir desmotivada no me gustaba en absoluto. Por lo que, tras varios meses de apatía y desgana, decidí abandonar el instituto para buscar otros caminos profesionales.

...

Durante los últimos meses de instituto comencé a consumir cocaína, buscaba algo exterior, algo fuera de mí misma que me ayudase a sentirme mejor. El escenario de carácter lúdico hizo su papel, sirvió de placebo contra la desmotivación.

Por esas fechas comenzaba la primavera de 1998, entre salidas de fines de semana interminables.

Fueron unos meses de cambio, salí durante el final de curso de vez en cuando a discotecas alejadas de mi ciudad de residencia, dando paso a un verano de auténtico desenfreno e iniciando un principio de curso algo tumultuoso.

Te va a ayudar en primera persona la chica que fui, es momento de comenzar a hablar desde la adolescente que vivió una intensa experiencia personal:

Hola soy Ana y estudio tercero de BUP, tengo dieciséis años y estamos finalizando el curso. Me gustan mis compañeros de clase, son muy simpáticos y algo habladores, solemos pasarlo muy bien durante los recreos echando risas y desayunando. Ya hemos pasado los exámenes de la segunda evaluación, es mayo y este fin de semana salgo con unos amigos a una discoteca. Por primera vez voy a probar la cocaína, no quiero pasarme mucho porque el lunes tengo un examen de historia. La verdad es que me apetece hacer algo diferente, bailar, salir, estoy harta de llevar una vida monótona, no encuentro motivación y me siento demasiado atada a mis rutinas y al "debo de".

Es sábado noche y vamos a una ciudad alejada de la mía, lo pasamos muy bien, pasamos toda la noche bailando, tomando copas y alguna raya. No parece hacer mucho efecto, de hecho casi nada, sólo que puedo beber sin que el alcohol suba demasiado...

De los pubs pasamos a una macrodiscoteca, seguimos bailando hasta que se hace de día. Es la primera vez que vivo esta experiencia y me gusta, me genera curiosidad y adrenalina; por la mañana he visto el amanecer cerca del mar.

Al poco finaliza la noche y al cabo de un rato mis amigos me llevan a casa, es domingo por la mañana y yo no tengo sueño, así que decido ponerme a estudiar historia hasta que caigo rendida en la cama.

...

Comienza el verano y cada sábado nos vamos de marcha a diferentes discotecas. Me divierto mucho, es un verano intenso, lo pasamos muy bien, compartimos viaje cada noche de sábado; las vueltas se hacen más pesadas, demasiado cansancio y demasiadas horas de marcha, a veces nos quedamos pasando el día en la playa para despejarnos.

Hay un chico que aparece cada fin de semana a buscarme, lo conozco de un pub de mi ciudad. No me apasiona mucho físicamente pero me llama la atención porque aparece como de la nada cada sábado al lugar al que voy. Me dice que tengo algo especial, que soy especial. A mí me gusta que me vea y que se haya fijado en mí. Cada fin de semana nos vamos a bailar y me invita a alguna raya. Lo pasamos bien y poco a poco comenzamos a vernos frecuentemente.

Es muy divertido y hablador, insiste en que le gusto mucho. Él consume todos los días, pero no me doy cuenta hasta que comenzamos a quedar más a menudo entresemana.

Comienza nuestra relación y solemos vemos todos los días después de comer, cuando salgo del instituto. Él trabaja pero tiene libres las tardes. Es mi motivación del día, teniendo en cuenta que no me apetece para nada ir a clase.

Cada día voy a casa y como lo que ha cocinado mi madre mientras veo la serie "Al Salir de Clase", sinceramente siento nervios en el estómago mientras como, creo que es porque sé que después voy a consumir. Me apetece pero al mismo tiempo me pone nerviosa y me dan ganas de ir al baño.

Las tardes se convierten en tiempo de consumo. Lunes, martes, miércoles, jueves… da igual el día, nos tomamos un café que da paso a alguna raya. No me planteo nada, únicamente vivir el momento sin expectativas. Los fines de semana son interminables y dan paso a lunes de bajón en clase. No me apetece tomar apuntes ni escuchar al profesor, estoy hasta las narices de ser perfecta, de cumplir con todo. Ahora toca divertirme y pasar de todo. Me da igual el curso y la Universidad, total no me gusta ninguna carrera, ni si quiera hay alguien que me oriente, estoy harta de la presión de los profesores por la selectividad y de la puerta cerrada del instituto. Toda la vida con la puerta abierta haciendo lo que nos daba la gana y ahora que comienza la nueva educación que llaman ESO nos cierran la puerta privándonos de libertad a los alumnos veteranos que llevamos cuatro años aquí metidos.

No quiero saber nada de ningún profesor, insisto en que voy a dejar los estudios. Hablo con mi profesor y se niega, dice que quiere hablar con mis padres, estoy harta y cuando llego a casa desconecto todos los teléfonos para que no se comunique con ellos. Voy a hacer lo que me dé la gana y punto, no tengo por qué rendirle cuentas a nadie, ya está bien de ser la chica perfecta obediente, se acabó.

Veo la desesperación y el agobio de mis padres pero no hago caso, quiero abandonar mis estudios. Ya no quiero seguir yendo a clase.

Estoy cursando COU y mi mejor amiga se sienta a mi izquierda, cada lunes lo mismo, le cuento lo que he hecho el fin de semana con un nivel de cansancio extremo. No puedo seguir en clase, así que me voy a casa. Así un lunes tras otro. Agotada.

Los profesores no paran de dar la chapa con la selectividad, el mío insiste en hablar con mis padres cada dos por tres. Cada vez que se acercan las fechas de final de curso, cada vez deseo dejar más el instituto, es momento de estudiar cada vez más pero no me apetece, no puedo hacerlo y tampoco quiero. No estoy motivada, tampoco tengo energía suficiente, sólo quiero irme de fiesta y olvidar los estudios de una vez por todas.

Quiero que llegue el fin de semana y olvidar los exámenes. A veces mi mejor amiga viene a casa a estudiar pero como a mí no me apetece, le digo que tengo que irme y quedo con mi novio. Yo prefiero irme con él de fiesta ya he estudiado bastante. Por fin dejo el instituto y comienzo a buscarme un trabajo.

Soy una persona muy activa y deseo comenzar mi vida en el mundo laboral, veo la cara de sufrimiento de mi padre ante el abandono de mis estudios, aún así continúo y busco trabajo en muchos lugares hasta que lo encuentro.

Mientras tanto sigo viendo a diario a mi novio, pasan los días y los meses, hasta que observo que el consumo se hace diario, cada día de la semana...

Ya no disfruto tanto los fines de semana, cada amanecer se cubre de oscuridad, ya no me sienta igual consumir, no es lo mismo que al principio. Ahora parece como si no me sentase tan bien. Comienzo a pensar en cambiar esa situación y comienzo a cuestionarme por primera vez: ¿Qué estoy haciendo?

...

Una noche de domingo, mientras voy tomando algo de conciencia, tumbada en mi cama con intención de dormir, comienzo a sentirme muy mal. Mi corazón se acelera y mi cuerpo empieza a ponerse tenso...

Llamo a mi madre, estoy muy asustada, es como si fuera a pasarme algo, le digo lo que me pasa y me lleva corriendo al hospital. Tengo miedo porque no sé lo que me va a pasar y no quiero que mi madre se entere de que consumo.

Cuando llego al hospital me tumban en una camilla, me llenan de cables y me ponen algo debajo de la lengua. Cuando me preguntan qué me pasa, digo una mentira, digo que he tomado dos cafés por la tarde. No sé si la enfermera se lo cree o no y tampoco sé si es buena idea no decir la verdad por la importancia del asunto y por si me pasa algo grave.

Confío en que mi madre no se entere y en que no me pase nada. Al cabo de un rato parece que me voy relajando y se va el miedo poco a poco.

...

Esta experiencia me hace recapacitar.

...

Existe un antes y un después a partir de ese acontecimiento. Creo que algún ángel de la guarda sabio me metió un buen susto para que me diese cuenta de lo que estaba haciendo.

...

A partir de entonces, mi consumo comienza a descender, me siento muy asustada con lo acontecido y tengo miedo de que vuelva a pasar algo similar o peor. Sigo consumiendo pero sólo con el olor de la primera raya mi corazón comienza a latir deprisa, incluso antes de tomarla. Es como si se hubiese grabado algo en mi mente a partir de aquél domingo de infarto. A partir de ese momento pongo límites al consumo y a mi pareja, él evita, miente, evade, sigue consumiendo a mis espaldas. Yo no quiero dejarlo a él pero no quiero seguir así.

Mi pareja me promete dejar el consumo si sigo con la relación, no quiere que lo deje. Así que acepto su propuesta y nos ponemos en marcha con un proceso de desintoxicación a la par.

...

Son periodos de ir a control de orina cada semana para que un médico controle si hemos consumido. La trabajadora social y la psicóloga son muy majas. Mis padres llevan un gran disgusto. De hecho mis padres y los padres de mi pareja se conocen en el momento en que nos acompañan al centro de desintoxicación.

...

Todavía recuerdo las palabras del que entonces era mi suegro dirigiéndose a mis padres: "Lamentamos mucho que nos hayamos conocido en estas circunstancias". A lo que mis padres asintieron con las mismas palabras.

Tras la visita de los expertos, en el centro nos dicen que

hemos de separarnos y que quieren internar a mi pareja porque consideran que está grave...

A mi novio no lo veo muy convencido pero yo sí quiero dejar de consumir, sobre todo porque me da mucho miedo que vuelva a pasarme otro susto como el que tuve.

Quiero salir de esa mierda y me comprometo conmigo misma de verdad. Lo único que deseo es comenzar de nuevo y así lo hago. Vivo una transición de salida, me siento bien, aquél susto me ayuda a no echar de menos la cocaína.

Mi novio, en cambio, hace algo diferente. Aprovecha cualquier enfado como motivo de consumo, yo me enfado, me pongo enferma cada vez que él consume. Me altero, lo paso mal pero sigo acompañándolo a pesar de todo. Los terapeutas afirman que soy muy fuerte, más que él, así que mientras salgo de esa basura, me toca sacarlo a él también. Craso error.

...

Al cabo de un tiempo ya no puedo más y dejo a mi pareja, retomo mi vida y lo hago con fuerza. Él lleva un camino y yo llevo otro, lo que nos unía realmente era el consumo y el maquillaje de la diversión, no había mucho más.

...

Tras mucho esfuerzo consigo que me den el alta. Cada lunes, durante 3 años acudiendo a control de orina mientras me miran por un cristal. Se trata de no hacer trampa, cada semana nueva analítica, cada semana nuevos resultados.

...

Mi etapa de fines de semana interminables llegó a su fin, comienzo a plantearme nuevas cosas, los últimos años han sido de intensas vivencias. Mi forma de verlo es que ha sido una etapa de transición, momentos de desenfreno puntuales que llegan a su fin; en cambio, la persona que tenía al lado lo tomaba como una forma de vida, lo tenía normalizado. Cuando tomé conciencia de ello, supe que era el fin de esa relación. Cada uno tomaba líneas de vida diferentes.

Las mías fueron volver a estudiar. Sentía que era el momento de volver a ser dueña de mi vida. A pesar de los años de locura, aprendí una profesión que me encantaba y con la que además tuve éxito laboral, por lo que esa experiencia me ayudó a crecer, a ser más fuerte y a conocer una profesión, relacionada con el trato con la gente, que, por otro lado, se me daba muy bien.

...

Sólo cuando la vida me pegó un buen susto, pude salir de ahí porque quise de verdad. Fui muy afortunada de vivir ese percance, me ayudó a despertar. Si no llego a tener semejante experiencia, no hubiese tenido tan buen detonante de salida. A veces las experiencias más dolorosas son la clave para salir de un infierno en vida. A partir de ahí tomé cartas en el asunto y me hice plenamente responsable de mi vida, abandonando una adicción y una tóxica relación.

Grábalo en la mente y jamás lo olvides:

La trampa de la indefensión aprendida es depositar la propia responsabilidad en el exterior de uno mismo.

La mente distorsiona la realidad y nos hace creer que no tenemos responsabilidad, que son los demás los que nos "hacen cosas" y que nosotros sólo pasábamos por allí. El bienestar de no tomar nuestras responsabilidades para que otros sean los culpables tiene un doble juego:

Cuando depositamos nuestra culpa fuera de nosotros, trasladándola a otra persona, nos quitamos nuestro poder automáticamente, atribuyendo nuestra responsabilidad a esa otra persona.

¿Tomas conciencia del juego psicológico de la impotencia aprendida?

...

La trampa de la mente consiste en "echar balones fuera" bajo la creencia de que no tenemos las riendas, de que somos impotentes. La mente va a defender este argumento a capa y espada.

Critícalo si quieres pero así es querido lector.

Esta es la salida de tu cárcel: toma absoluta responsabilidad de aquello que te sucede, haciéndote responsable de tu papel, ejerciendo tu poder firmemente, con fe.

Tengo la obligación moral de decírtelo porque pasé por ahí antes que tú. Mi objetivo es ayudarte, no caerte bien.

...

Si tienes hijos en edad crítica, ten en cuenta el mecanismo de negación. Existe miedo por consumir pero también por las represalias de contar.

La ira y la incomprensión pueden hacerte perder los nervios, perdónate y sigue adelante intentando ofrecer confianza a tus hijos. Como hija te digo que cuando no tuve más escapatoria acudí a mis padres por la confianza que un día me dieron.

Aquél acontecimiento en el hospital me dio tanto miedo que, al poco tiempo, acudí a mi madre para decirle la verdad y pedirle ayuda. Todavía recuerdo el momento en la cocina de casa de mis padres, mientras mi madre recogía el friegue.

Ese día en que ya no pude más y gracias a un golpe de "miedo" que me hizo despertar de lo que estaba haciendo, acudí a mi madre y le dije: mamá, tengo un problema con la cocaína. Asombrosamente, ella que es muy observadora e inteligente respondió: "ya lo sé, lo sospechaba, he pedido ayuda pero me han dicho que hasta que tú no decidieras pedirla, no podíamos hacer nada".

Mi madre lo llevaba guardado durante tiempo esperando que yo tomara conciencia y la decisión de ayudarme a mí misma. A continuación mi padre se acercó a mí y me dijo: Ana, de ese camino sólo existen dos salidas: vivir o morir. Tú decides.

...

Escuché a mis padres, a mi voz interior y decidí vivir.

...

Mis padres me apoyaron incondicionalmente, siempre lo han hecho, comencé a vivir, abandonando la sustancia y dejando de lado a todas las personas que me acompañaban en ese infierno. Comencé mi período de recuperación y lo finalicé con éxito, mientras mi pareja seguía consumiendo cuando consideraba y pensando en otras cosas.

Una vez más mis padres y las personas que me querían estuvieron ahí apoyándome incondicionalmente. Busqué a mis mejores amigos de toda la vida, a los que tenía abandonados y ahí estuvieron también. Busqué construir de nuevo mi vida y así lo hice. Solté una relación de pareja tóxica y construí una relación sana conmigo misma.

Si te sientes en una situación parecida y te sientes sola, quiero que sepas que no lo estás, yo estoy contigo.

Sé que te sientes muy mal, que la vergüenza te invade, soy consciente de tus sentimientos y también sé que te sientes culpable. Quiero que sepas que ya pasé por donde tú estás y quiero ayudarte con todo mi cariño y apoyo a que salgas de un lugar que no te corresponde.

Quizá no sabes cómo salir, incluso te sientes atrapada. Cuando una persona es consumidora de sustancias tóxicas, su energía baja muchísimo, así como su vibración emocional. La causa de que te cueste tanto encontrar una salida radica en tu estado de vibración. Te sientes impotente, por eso es tan importante pedir ayuda en una situación donde tú sólo no puedes. Has de ser humilde y reconocerlo. Sé inteligente y pide ayuda, hay muchos centros a los que puedes acudir y teléfonos a los que puedes llamar.

Si no sabes, sólo tienes que preguntar. Hay muchas personas dispuestas a ayudarte, entre ellas yo, no estás sola.

¡Hay una salida y existe. Y se llama vida!

Desde mi experiencia, una de las principales cusas de la caída en la adicción es la baja autoestima. Una autoestima debilitada es fertilizante para comportamientos destructivos.

No importa lo que pasó en tu vida, lo que importa es dónde estás hoy, a dónde quieres ir y qué precio estás dispuesto a pagar. Pero más aún es darte cuenta del precio que estás pagando por no salir del infierno en el que vives.

Cuando una persona está enganchada a una sustancia adictiva, el precio a pagar es la vida.

Es un precio lo suficientemente alto como para actuar, ¿no crees?

...

Sobre estas líneas tienes un punto favorable para ayudar a tus seres queridos en un momento crítico:

El apoyo incondicional obra milagros.

Y debajo de estas líneas tienes las pautas para sanar y salir reconfortado de toda situación dolorosa:

Primero, despierta del trance hipnótico de creer que no tienes nada que ver con tus circunstancias. Si tú estás en ellas, eres el protagonista estrella.

Segundo, toma la responsabilidad de tomar tu papel, actúa como actor principal. De este modo puedes cambiar de papel como se te antoje.

Tercero, confía en ti mismo, en las personas que te quieren y en que existe un orden real mucho más allá de lo que tu mente egoica alcanza a ver.

SI EL PAPEL QUE TIENES TE DAÑA O NO TE SIRVE, CÁMBIALO. ES TU RESPONSABILIDAD Y TU DEBER MORAL PARA CONTIGO MISMO Y CON TUS SERES QUERIDOS.

La influencia del apoyo incondicional obra milagros en todos los seres humanos. Yo te apoyo y estoy contigo porque es mi cometido, tienes algo grande que ofrecer al mundo, no lo escondas, no te excluyas.

...

En el próximo apartado tienes un abanico de opciones para elegir, sé inteligente y cógelas todas, tu vida vale millones, un número incalculable. Tu bienestar y equilibrio no son negociables, sé consecuente contigo mismo y ámate.

Te espero en la siguiente página...

4. CINCO HERRAMIENTAS DE AUTOESTIMA Y PODER PERSONAL PARA SALIR CON SEGURIDAD

Sé que la vida te duele querido lector pero has de saber que ese dolor tiene muchas caras y una de ellas es la de la liberación. Utilizar el dolor es una buena manera de alcanzar un siguiente nivel de vibración. Cuando la vida nos pone al límite, el alma humana es capaz de sacar recursos de donde ni imaginas. Posees recursos internos inimaginables, escondidos en las catacumbas y puestos a tu disposición.

Se puede salir de todo lo que imagines, eres el único ser soberano de tu vida, puedes salir de un accidente mortal, de una adicción, de una relación tóxica, de lo que quieras. Lo único que necesitas de verdad es saber que se puede, decidir hacerlo y tener fe.

Siento un profundo amor por ti y soy plenamente consciente de tus sentimientos. Yo estuve ahí, hay un vacío que aparece y busca que le hagas caso. No huyas de él, sumérgete en la emoción para liberarla, no escapes, tú puedes!

"Lo que niegas te somete, lo que aceptas te transforma"

Carl Gustav Jung

He atravesado auténticos infiernos emocionales y sé que se puede hacer. Durante mi etapa de desintoxicación liberé emociones negativas y me nutrí gracias al soporte de mi familia. Pero no puedes llenar una taza llena, primero hay que vaciarla. Ahora tu taza está algo turbia y lo que necesita es ser limpiada para poder contener un nuevo líquido limpio sin ser ensuciado. Estoy contigo en este proceso, mi compromiso es tu bienestar y mi objetivo es transmitirte lo mejor de todas las herramientas que se han cruzado en mi camino.

Soy una mujer exitosa, con sueños por cumplir, con grandes metas conseguidas y retos superados. Tú y yo somos personas iguales, seres humanos en busca de nuestro bienestar. Siempre supe que todo iría bien cuando me encontraba en malas situaciones, tenía la certeza de que podía salir del pozo en el que vivía y sabía que iba a hacerlo aunque no supiera cómo. Tú has de hacer lo mismo. Debes saber que mereces estar bien y que mereces todo lo bueno, ante todo has de tener la certeza de que tu paz no es negociable, es tu derecho y tu obligación.

Para vaciar una taza sucia, has de comenzar a prestar atención a lo que hay dentro. Se trata de cosas que no te gustan o te causan daño, descuida, es por tu bien. Cuando se limpia un pozo sucio, la suciedad tiene que salir pero recuerda: sale para irse.

Antes de darte a conocer algunas herramientas has de ser consciente de que, dependiendo del estado en el que te encuentres, deberás acudir a un buen terapeuta dependiendo del asunto a tratar. No se sale sólo de ningún pozo, por muy factible que se vea. Deja tu orgullo y tu vanidad y comienza a pedir ayuda cuanto antes. Las personas estamos para ayudarnos entre nosotros, somos importantes y todos necesitamos ayuda terapéutica en algún momento de la vida.

Un buen coach, incluso, realiza procesos de trabajo interior con sus propios mentores durante períodos de la vida. Yo lo hago y ello me convierte en una mejor profesional dado que me pulo y depuro con cada uno de estos procesos, lo que se traduce en un acompañamiento de plena calidad dándote lo mejor a ti que eres mi propósito de vida.

Sé inteligente y acompaña esta lectura con un adecuado acompañamiento.

Es importante por varios motivos, entre ellos porque no somos capaces de lidiar con emociones muy profundas o enquistadas durante mucho tiempo. Todas las personas necesitamos un acompañamiento cuando trabajamos con emociones que han sido sepultadas en nuestro interior. Ser escuchado y acompañado es una parte fundamental de la sanación.

Las herramientas que tienes a tu disposición a continuación son un perfecto complemento para ese acompañamiento:

1. Escritura de cartas

La escritura es una de las mejores herramientas terapéuticas para estructurar la mente y liberar emociones negativas.

Durante etapas de la vida en que nos encontramos sumergidos en momentos oscuros, la escritura ayuda a sacar la emoción y a ordenar algunos asuntos. Esto se traduce en una sensación de mayor control y estabilidad interiores, debido a la liberación de energía atascada que se realiza provocada por la emoción tóxica atascada y dejando posterior espacio a otras emociones más beneficiosas como el amor.

Las cartas pueden ser escritas hacia uno mismo o hacia algún familiar o conocido. El objetivo es plasmar en el papel lo que sientes realmente. Esas cartas no se entregan a nadie, son para ti, con lo cual has de darte espacio para expresar tus auténticos sentimientos. Libérate del juicio y de la crítica, sólo expresa tus sentimientos y emociones, son parte de ti. Hazlo con amor hacia la persona que escribe, tú mismo, honra cada palabra que sale, cada frase, aunque te duela. Honra tus sentimientos.

Las cartas son una gran herramienta cuando estamos enfadados con alguien que amamos o con personas que ya no están vivas. Expresar la emoción te libera a ti, no tiene nada que ver con la persona a la que escribes. Date cuenta de que eres tú la persona que tiene el sentimiento, tú eres el artífice de la emoción que habita en tu cuerpo y tú posees la capacidad de transformarla. Eres muy poderoso, deja salir todo eso que presiona y permítete abrir espacio para lo nuevo.

Un buen ejemplo es el inicio de este libro, la carta que escribe mi niña de 6 años es un manuscrito que ha sido trabajado durante dos años, el resultado ha sido el perdón y la aceptación. Esa carta que has leído no es la primera carta que escribí. Se trata de varios años de drenaje emocional que han dado forma a lo que es ahora. Los sentimientos han ido evolucionando conforme las emociones se han ido refinando, depurando. Esto ha tenido como resultado un nuevo despertar a la experiencia, una nueva perspectiva más enriquecedora.

En tu caso, puedes comenzar escribiendo a esa persona,

llamándola por su nombre y, a continuación, diciéndole todo lo que necesitas expresar, explicando punto por punto cómo te sientes y devolviendo lo que es suyo a su lugar. Si consideras que no se portó bien, hazlo saber, exprésalo; si consideras que debió hacer algo que no hizo, dilo también. Expresa tu verdad y con ella todo el saco emocional. Date licencias que no te darías en otro contexto, saca todo lo que sobra, saca la basura a reciclar.

Soy plenamente consciente de que cuando algo que queremos no aparece en nuestra vida es porque no cabe. Liberar emociones que nos atrapan trae el espacio para crear nuevas realidades.

...

2. Relajación y Autovaloración Interior

Quiero que sepas que te apoyo incondicionalmente y que siempre voy a estar aquí acompañándote en el camino. Tú vales mucho, tu valor es el mismo ahora que antes y lo será igual cuando estés mejor y brilles plenamente porque el valor de un humano es intrínseco a él.

Eres un ser profundamente valioso, has de saberlo.

Sé que a veces te cuesta creerlo, en aquellos momentos en que te sientes mal, hundido, por eso no lo crees pero, a pesar de tus sentimientos, tu valor es incalculable. Ya tienes mucho recorrido habiendo escogido este libro. Eres un luchador por estar leyendo estas líneas, confío en tu valentía por enfrentarte a tus demonios. Tienes que ganarles la partida, ser más listo que ellos, tienes todo lo que necesitas dentro de ti y con este libro tienes la guía para encontrar tus recursos, el camino a recorrer paso a paso y una experta que ha pasado por donde tú estás, que ha enfrentado con creces sus sombras y que te apoya incondicionalmente, ahora y siempre.

No estás sólo, tienes seres que te quieren, me tienes a mí y tienes la magia de la divinidad que te acompaña en silencio.

Cuando me sentía mal a causa del "bajón" de las sustancias que consumía, pasaba mucho miedo. Siempre rezaba y eso me ayudaba a continuar adelante. Sabía que había alguien que me acompañaba y que estaba conmigo en esos momentos. Podía abrazar mis sombras con la luz del cielo y poco a poco se iban disipando hasta desaparecer. ¡Si yo lo hice, tú también puedes!

Lo primero que tienes que hacer es elevar tu autoestima, piensa en las cosas que te gusta hacer, en esas cosas que hacías antes de sumergirte en las sombras de la oscuridad. Recuerda cuando eras pequeño, qué te gustaba, qué te hacía ilusión.

Cierra los ojos y respira profundamente, aprovecha este momento para meditar contigo mismo. Conecta con tu interior, libérate de expectativas, de juicios, sólo respira profundamente y cierra los ojos. Ve a tu infancia, a cuando tenías tres o cuatro años...

Sigue respirando y conecta con ese pequeño que vive contigo, ve hacia él con cariño y suavidad. Acércate con ternura, permítele al pequeño comportarse como necesita. Quizá está enfadado, quizá no quiere hablar contigo...

Si es así, permítele expresarse. Seguramente hace mucho tiempo que no hablas con tu niño interior. Él te necesita, quiere que estés con él, desea que le abraces y le escuches. Hazle saber que esta vez sí quieres saber de él, pregúntale cómo se siente y ten mucha paciencia hasta que quiera responder...

No importa si no lo hace ahora, sólo quédate con él en silencio, abrázale y dale todo el amor del mundo.

...

La autoestima se va fortaleciendo cuando podemos conectar con nuestro pequeño interior, es una herramienta fundamental para ir subiendo poco a poco hacia la luz. Ese niño está muy asustado, ha vivido experiencias muy duras contigo. Pero él sólo quiere que lo mires y le escuches. Necesita que lo cuides. Dale mucho amor.

...

3. Programación Neurolingüítica Adecuada

Cuando vivimos sumidos en una profunda sensación de no valía, emociones como la pena y la culpa atesoran nuestra atención. Has de ganar la partida al juego siendo consciente de que las emociones negativas crean un discurso tóxico y distorsionado sobre quién eres en realidad. Tú no eres eso que piensas, y mucho menos esa oscuridad.

Comienza a hablar con un lenguaje positivo y esperanzador a ese niño interior con el que hemos trabajado antes y habrás ganado la partida al juego de la vida.

Utiliza frases como:

-Eres valioso.

-Tus sentimientos son importantes.

-Yo te escucho, cuéntame cómo te sientes.

-Eres un niño muy listo.

-Te mereces cosas buenas.

-Estoy contigo apoyándote.

-Te amo.

-Eres perfecto tal y como eres.

-Lo que tienes que decir es importante para mí.

-Yo te puedo ver, gracias por ser como eres.

-Eres importante para mí.

...

Aprovecha este momento para hacer una pausa y este ejercicio de introspección interior. Habla a tu niño interior como se merece.

Ponle un nombre a tu niño interior, recuerda cómo te llamaban de pequeño; si no te gusta cámbialo, pero ponle un nombre.

...

Ésta es una herramienta de nutrición del SER. Cuando un ser humano ha vivido en un estado de mucho sufrimiento, su ego se agranda, se infla, siendo el protagonista de ese descenso en picado. El personaje creado toma la batuta queriendo dominar al ser que habita. El ego se defiende del daño que ha sufrido y lo hace de muchas maneras: protegiéndose en exceso, impidiendo que nada entre, con lo cual ni lo malo ni lo bueno entra y la vida se atasca; atacando todo lo nuevo o lo que considera amenazante, con lo que difícilmente establecerá vínculos sanos con los demás; o creando un halo de victimismo alrededor, autocompadeciéndose hasta niveles que le impiden desarrollarse adecuadamente.

...

Querido lector, ese personaje que tanto sufrimiento te ha provocado sólo es una millonésima parte de lo que eres en realidad. No le hagas ni caso a ese tóxico discurso, en vez de eso, dile la verdad, quién eres, de lo que eres capaz, dile lo que estás dispuesto a hacer. Cárgate de raíz ese personaje ínfimo, pequeño y maloliente. Dile adiós!

TÚ ERES LUZ, AMOR, EXPANSIÓN, TÚ ERES INFINITO, HACEDOR DE MILAGROS, CREADOR DE TU DESTINO Y TIENES CAPACIDAD Y ENERGÍA DE SOBRA PARA CONSEGUIR TODO LO QUE TE PROPONGAS Y MÁS.

Cuando me recuperé de mi adicción, seguí apostando por la vida y no sólo eso, además la agarré por los cuernos, tomando la decisión de que quería un futuro próspero para mí y de que quería ir a la Universidad. Había abandonado mis estudios en COU, por lo que debía volver a cursarlo y, además, hacer la selectividad.

La carrera que me gustaba tenía una nota de corte de 8, nota que debía sacar para poder entrar, así que retomé mis estudios con fuerza, comencé a trabajar duro y obtuve la mejor calificación de la clase. Superé la nota de corte e inicié mis estudios en la Universidad.

Allí seguí trabajando muy duro, mientras otras personas se iban de fiesta, yo me quedaba en casa estudiando los fines de semana. A las puertas del último curso, y gracias a mis calificaciones, gané la única plaza para finalizar mi carrera en una Universidad de Madrid. Mi expediente tenía la nota más alta de todos los candidatos y pude elegir.

Como la licenciatura que cursaba era de cuatro años y en Madrid la carrera era de cinco años, tuve que sacar ambos cursos a la vez, sumando dos asignaturas de mi Universidad de origen que no me convalidaron. Aún con todo eso, saqué el curso en Junio, a curso por año y con una media rozando el sobresaliente.

¡Si yo puedo, tú puedes!

Después de todo eso, no sólo acabé mi carrera en Madrid, sino que realicé mis estudios de doctorado comenzando mi carrera en el mundo de la investigación científica.

¡Decidí apostar por mí y lo logré! Insisto, ¡Si yo puedo, tú puedes!

¡Tú y yo somos iguales, personas bondadosas con grandes dones, sácalos de una vez por todas y brilla!

Los seres humanos tenemos unas capacidades que sólo son puestas en marcha cuando nos ponemos a prueba. Querido lector, esa misma fuerza que a mí me acompañó, tú también la tienes, incluso más.

No sé cuál es tu historia pero estoy segura de que en el pasado tuviste experiencias dolorosas, si es así, tranquilo, la vida hará justicia por sí misma. Ahora bien, tú has de hacer tu parte. Soy de la creencia de que cuanto mayor es el sufrimiento de lo que hemos pasado, más grande es el tamaño de nuestra alma. Si estás viviendo una etapa de mucho dolor y sufrimiento, confía y ten fe. Muy pronto todo cambiará.

Quizá lo que sucede es que la vida todavía no te ha dado lo que mereces, espera y confía mientras trabajas duro porque el momento llegará. Pero has de hacerlo soltando todas tus cadenas, perdonando tu historia pasada y enfocando tu mirada siempre al frente. Toma una decisión y hazlo ahora, yo estoy contigo.

La fortaleza mental es saber que eres importante, que está bien ser como eres, que tienes capacidad de mejorar y que nada ni nadie tiene el poder de etiquetarte.

Si estás en el infierno, deja de culparte y toma conciencia de que tienes la capacidad de reconducir tu vida en este momento presente, aquí y ahora.

...

Olvida lo que dicen las personas tóxicas que tienes a tu alrededor y observa la grandeza de tu alma. Desconecta el disco rayado de las voces ajenas y ocúpate del tuyo propio.

Eres alguien importante que debe ser escuchado y tenido en cuenta. La primera persona que ha de estar ahí para validarte eres tú mismo. Yo te valido y confío en ti, sé por lo que estás pasando, conozco muy bien eso que sientes. Confía en ti mismo, déjalo ir, eres una gran persona con unos dones que merecen ser vistos. Ofrécete la oportunidad de ser conocido y re-conocido, llévate a la vida con amabilidad y cariño. Deja de esconderte, abandona de una vez ese juicio.

Conozco perfectamente el sentimiento de pertenencia a un grupo de amigos, las cosquillas en el estómago cada viernes sólo de pensar en la fiesta del fin de semana y en las grandes "conquistas" de sábado noche, cuyo placer de contarlas supera el de vivirlas.

Conozco el ego de cabo a rabo, conozco la operativa de ser el centro del universo, el protagonista de la fiesta. Sé lo importante que es para un ego inflado que lo vean, aunque sea por tenerla más grande, más larga o haber desfasado más el sábado noche.

Todo esto es un mundo lleno de proyecciones, el placer momentáneo se convierte en sufrimiento a largo plazo. El precio que estás pagando para que tu ego se sienta el rey es muy caro. Déjame decirte que todo eso es una trampa, una ruleta rusa, todo es un juego de egos.

...

Eres inteligente y sé que entiendes perfectamente que la autoestima que crees que tienes no es tal, en el fondo hay un vacío. Si eres adicto has de saber que el consumo te ayuda a vivir, a soportar el dolor; ejerce una función calmante frente a todo lo que no has podido resolver.

La adicción ejerce, a priori, una función positiva que enmascara el dolor profundo que sientes. Para ti la adicción te evade, te alivia, te evita sentir eso que no te gusta. Lo sé, te comprendo perfectamente, no eres una mala persona por consumir, ni lo eres por comportarte como lo haces. Quiero ayudarte a que tomes conciencia y salgas de tu juego de espejos.

En el fondo, todo lo que estás buscando se reduce a una palabra: AMOR. Tu deseo más profundo es sentirte querido, aceptado, visto, validado por tu entorno. Yo misma pasé por ahí y te aseguro que se puede salir con fuerza por la puerta grande.

Ya que deseas ser visto, mejor por ganar un Nobel que por morir de sobredosis, ¿no crees?

...

Las personas que consumen cargan un gran sufrimiento a sus espaldas, ahora bien, sólo depende de ellas utilizarlo a su favor o en su contra. Tu sufrimiento es el emisor de tus tóxicos mensajes, suelta las culpas de una vez, eres una buena persona, sólo estás algo perdido y, además, estás poniendo remedio.

4. Conexión con tu Propósito de Vida

Victor Frankl, psiquiátra y escritor, pasó algún tiempo recluído en el campo de concentración de Auschwitx. Durante su permanencia allí se dio cuenta de que existía una correlación entre las personas que sobrevivían y aquellas que tenían un "motivo" para vivir. Es decir, morían antes aquellas personas sin alguien que les esperase, personas sin metas en la vida u objetivos por cumplir. Hay todo un libro que habla sobre el sentido de la vida[4].

"Quien tiene algo por qué vivir es capaz de soportar cualquier cómo"

Friedrich Nietzsche

Aunque no estés pasando por el mejor momento de tu vida siempre hay algo que te hace moverte, te ayuda a levantarte cada mañana, siempre hay algo que te da fuerzas en los peores momentos. Veamos cuál es ese "algo" que te ayuda en los momentos decisivos.

Tómate un buen rato, relájate, reflexiona, utiliza todo el tiempo que necesites para ello. Cuando te sientas preparado y en conexión con tus sentimientos, responde:

¿Cuál es el motor de mi vida?, ¿Qué me ha ayudado a levantarme en los peores momentos?

Recuerda todos esos momentos de los que saliste y observa de dónde salió la fuerza interior.

---

4   FRANKL, V. El Hombre en busca de Sentido. Herder, 2009.

Una vez que hayas escrito la respuesta anterior y sientas que está completa. Sigue respondiendo:

¿Cuál es tu propósito de vida?, ¿Qué es lo que más ilusión te hace?

Para desarrollar un discurso adecuado, recuerda tu infancia, cuando eras un niño pequeño. Cierra los ojos y respira profundamente recordando qué cosas te hacían ilusión, con qué cosas disfrutabas, qué te daba la vida. A veces se trata de cosas sutiles que pasan desapercibidas. Realiza este ejercicio sin juicios ni expectativas, sólo conectando con tu niño interior y con la emoción de la ilusión suscitada por el acontecimiento.

...

Escribe a continuación todo lo que haya aparecido:

Victor Frankl afirma que la vida tiene sentido bajo cualquier circunstancia, incluso bajo el sufrimiento, el único objetivo es encontrarle el sentido.

Cuando luchaba entre la vida y la muerte, mi objetivo era vivir, no contemplé más opciones, pensaba en mis padres y mi familia esperándome, en mis amigos del cole, en mis muñecos, en jugar.

Cuando estaba sumida en una relación tóxica que llegaba a su límite sólo tenía una frase en la mente: "Volver a empezar". De hecho, esas Navidades pedí a los Reyes Magos ese "volver a empezar" y a los pocos meses se me concedió, mejor dicho, me lo concedí, cuando tomé acción.

Durante mi período de adicción el sentido de mi vida apareció tras el gran susto que tuve, sustituyendo las ganas por la sustancia por las ganas de vivir; tomando una decisión firme y dejando de lado todo aquello que me dañaba, incluso mi relación de entonces.

El sentido de mi vida ha sido salir con más fuerza tras cada golpe, ganar la partida al sufrimiento. Salir victoriosa de la caída y conseguir ser la mejor en todo lo que me he propuesto. El sentido de mi vida ha sido convertirme en quien soy, hacerme a mí misma con la colaboración de las circunstancias y de las personas de mi alrededor, sacando un repoker en cada jugada, sabiendo que si no lo sacaba no era el final de juego. Soy una superviviente nata, una resiliente que ha sabido utilizar su dolor como un trampolín, para ganar grandes batallas y para ayudar a los demás, entre ellos a ti.

Mi propósito de vida es poner en valor un profundo aprendizaje, darte las mejores herramientas y ayudarte a salir de ese lugar, acompañarte a la vida con amor y trabajo constante, no va a ser fácil pero va a merecer la pena siempre y cuando tú hagas todo lo que te corresponde.

De este modo tendrás el mismo o mejor resultado que yo. Ahora veamos lo que sucede realmente bajo de tus pies.

...

5. Análisis y Puesta en Marcha

"Si quieres conocer a alguien de verdad, no escuche sus palabras, observe su comportamiento"

Albert Einstein

Los hechos se llevan a cabo cuando se deja de hablar y se comienza a hacer lo que uno afirma desear. Nada puede ser realizado si no eres consciente de lo que estás haciendo realmente. El ego nubla la visión cuando tiene miedo, distorsionando el camino hacia tus metas, en el siguiente apartado vas a conocer mucho mejor cómo funcionamos cuando atravesamos esta frontera. Ahora, de momento, lo que debes hacer para ayudarte a ti mismo es tomar conciencia de qué es lo que estás haciendo realmente y qué está sucediendo en realidad.

Bajemos a tierra, voy a enseñarte a hacer un análisis real sobre ti mismo y sobre tu vida. De hecho, vas a convertirte por unos minutos en un gran investigador de campo.

Reflexiona qué cosas haces, qué acciones realizas cada día y observa hacia dónde te llevan cada una de esas acciones. Tómate tu tiempo, piensa en todas las acciones, así como en las NO acciones que realizas cada día, así como el lugar al que te conduce hacer eso, o bien dejar de hacer eso otro. Ten presente que la "no acción" es una acción en sí misma. Dejar de hacer algo imperante que te lleva a tu objetivo se traduce en alejarte de tu objetivo. Por eso has de darte cuenta de cada cosa que haces a lo largo del día. Este ejercicio tiene la finalidad de ayudarte a reconducir, no sirve de nada culparse por hacer o no hacer lo que se debe, simplemente se trata de una puesta en común con la realidad y como tal has de hacerlo, libre de juicios y de culpas, con objetividad quirúrgica. Toma como referencia un día que pueda ser objeto de estudio, que sirva para dar objetividad al experimento, por ejemplo cualquier día laboral:

Acción/Inacción 1 ________________________________

____

Acción/Inacción 2 _______________________________

____

Acción/Inacción 3 _______________________________

____

Acción/Inacción 4 _______________________________

____

Acción/Inacción 5 _______________________________

____

Ahora detente, observa y reflexiona para después escribir el lugar real al que te llevan cada una de esas acciones o inacciones:

Lugar 1 ____

____

Lugar 2____

____

Lugar 3____

____

Lugar 4____

____

Lugar 5____

____

Ahora bien, pasemos a otro lugar. Recuerda cuál es tu propósito de vida, escríbelo de nuevo:

____

____

____

Para llegar ahí, seguro que has de realizar algunas acciones previas que te conduzcan a tu propósito, escribe cinco acciones que sabes que te van a llevar a tu propósito de vida:

Acción1____

____

Acción2____

____

Acción3____

____

Acción4____

____

Acción5____

____

____

Una vez llegados a este punto, sólo has de hacer una cosa: comparar las acciones e inacciones, así como los lugares a los que te llevan, que escribiste anteriormente, en oposición a tu propósito de vida, así como las acciones que te conducen a él. Observa las similitudes y las diferencias, toma conciencia a fondo de esa comparativa y reflexiona:

...

Ahora escribe lo más importante:

____

____

____

____

Date tu tiempo...

Date cuenta de lo que acabas de escribir. Puedes haberte dado cuenta de que estás más o menos alineado con tu línea de vida, muy lejos o, por el contrario, muy cerca de tu propósito de vida. Lo importante es darse cuenta, ser honesto con uno mismo, eso es lo importante.

Tus acciones son las que determinan tus resultados, aquéllas, a su vez, son creadas por nuestros pensamientos y emociones. Vuelve al ejercicio de autovaloración y al de PNL si te hace falta, da las vueltas que necesites hasta asegurarte de que caminas sobre firme.

Todo inicio comienza por un pequeño paso y ahora mismo es el mejor inicio para ti. No importa si estás más lejos o más cerca, si la clave está en la acción o la inacción, tú eres el alfa y el omega de tu vida, el momento de poder siempre es el momento presente.

Lo pasado ya pasó, ahora es un buen momento para soltar el pasado e iniciar un proyecto a futuro, ayuda a que el cielo de tu mente se abra para ver de verdad. Piensa y escribe:

¿Hacer qué cosa, por pequeña que sea, me ayudaría a construirme en una mejor persona hoy mismo?

____

____

____

____

Ahora pon hora:_______________ y hazlo!

...

"Ser lo que somos y convertirnos en lo que somos capaces de ser es la única finalidad de la vida"

Robert Louis Stevenson

"El amor a uno mismo es el punto de partida del crecimiento de la persona que siente el valor de hacerse responsable de su propia existencia"

Victor Frankl

Vivir para sentir el placer momentáneo de la vida no está mal si tienes una meta a largo plazo, pero vivir sin sentido te llevará a un camino lleno de desilusión y perdición. Tienes grandes dones que puedes poner al servicio de la humanidad, aprovecha bien este libro para dar con esos dones y trascender tus circunstancias.

No importa en qué situación te encuentres ahora mismo, no importa lo profundo u oscuro que sea tu pozo, lo verdaderamente importante es que hoy comienza tu nueva vida hacia la libertad.

Maquillar tu realidad con conductas adictivas, autoengañándote ante una relación tóxica o mirando hacia otro lado ante un acontecimiento que te incumbe a ti es exactamente lo mismo que tomar veneno para curarte. Cuando te sientes muy mal, la mente busca cualquier minúsculo atisbo para convencerse del cambio. Por ejemplo, si estás viviendo una situación de maltrato y piensas que tu pareja dejará de hacerlo sólo porque un día no te maltrató; o puedes estar viviendo según unos cánones establecidos por miedo a la pérdida, aunque esa pérdida sea una ganancia para ti. Nada de esto es una salida, no te dejes engañar por los efectos de las tinieblas en la oscuridad.

Aprendí que tomar el camino fácil es un error, ese camino incorrecto en busca de "algo" que ayude a aplacar el dolor que sientes. Abre tu abanico de opciones, de vida y de amistades, ábrete a nuevas realidades. Adormecer sentimientos negativos sumergidos en las profundidades del alma con adicciones, amistades tóxicas o durmiendo no sirve. Deja los placebos de una vez y ven conmigo a la vida, tienes un futuro prometedor.

Suelta la culpa, eres inocente, simplemente no te has dado cuenta de lo que hacías hasta ahora. Una adicción comienza sin darte apenas cuenta. El consumo esporádico comienza a acortarse hasta convertirse en algo diario. El consumo de drogas, así como muchas otras conductas tóxicas, tiene un origen con intención positiva para el que las consume: la necesidad de aceptación, de aprobación, de pertenencia a un grupo, la necesidad de ser amado y, en la mayoría de casos, la necesidad de evitar la conexión y maquillar un profundo dolor interior.

Las sustancias actúan como sedante de las emociones dolorosas por lo que su consumo es fácilmente utilizado por aquellas personas que lo necesitan.

Tanto si tienes hijos en edad crítica o si eres tú la persona que está pasando por un momento negativo, nada es importante salvo la emoción con la que vives tu vida. Puedes romper las situaciones realizando un cambio de acción que rompa la emoción o un cambio de emoción que te lleve a tomar otra acción.

Si tomas el primer camino, actúa aunque no te lo creas, aunque sientas otra cosa, pero asegúrate de que esa acción es la mejor para ti; si optas por la segunda acción, utiliza las herramientas emocionales de este libro, todas te van a ayudar a cambiar tu estado interior para limpiar y actuar desde un lugar más positivo.

¡Tienes todo lo que necesitas para el cambio. Rompe con tu patrón y ve aparecer los milagros!

Si tienes un hijo en edad crítica quiérele, escúchale, estate con él, ámale, confía en su ser superior y en el tuyo, en esa parte pura y sana que todo lo puede, en él y en ti.

...

Cuando consumía día tras día, semana tras semana y mes tras mes, lo hacía pensando que un día "algo pasaría" que solucionase mi vida.

...

Eso pensaba...

Hasta que un día me di cuenta de que sólo pasaba mi vida, día tras día, semana tras semana, mes tras mes y de que nada iba a pasar, salvo lo que yo hiciese que pasase.

Justo en ese momento se produjo un click en mi mente, trasladando la responsabilidad exterior al lugar que le correspondía: mi interior.

Toma tu poder y hazte cargo de él, deposita tu responsabilidad donde va: dentro de ti.

...

Ahora vas a conocer qué pasa cuando comienzas a ordenar tu vida. Bienvenido a tu proceso de transformación, démosle la bienvenida a la vida. Sigue leyendo para abrirte paso a la luz, el camino es apasionante...

5. PASANDO AL OTRO LADO DEL LABERINTO, PARADOJAS EMOCIONALES

La salida a todo patrón conocido pasa por un trecho de inseguridad y miedo. Aquí radica la paradoja, estás haciendo algo bueno por ti mismo, te ayudas a salir de la oscuridad; ese proceso implica un desapego, una salida de tu zona de confort y, por lo tanto, un período que oscila entre la alegría, el miedo y la fe.

Tenemos que bucear a fondo en lo que sucederá por tu mente cuando te encuentres atravesando el camino, por eso hemos de hacer este inciso, para que conozcas de primera mano el proceso de salida de tu realidad actual, para que no te pille desprevenida.

Abre bien los ojos y estate atenta:

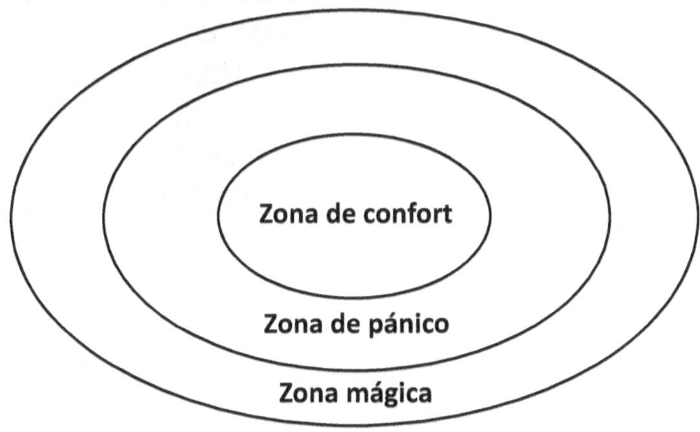

Cuando comienzas a salir de tu zona de confort, la mente inicia un proceso de sabotaje, ¿su objetivo? Protegerte de lo desconocido. Lo hará de mil y una maneras y se esmerará en que no te des cuenta.

Escucha querido lector porque ahora viene lo mejor:

Tu mente se las ingeniará para que evites hacer lo que tu alma desea hacer. La forma de hacerlo será enfocándose en la basura mental, es decir, en todo aquello que le es familiar y que, por supuesto, es negativo. Son formas en que pretenderá frenar tu avance para que evites hacer aquello que es mejor para ti.

Si deseas algo que todavía no está en tu vida, es porque se encuentra fuera de tu zona de confort, por lo tanto la mente lo seguirá evitando a toda costa.

Soy conocedora de los más refinados argumentos de la mente para el sabotaje, de las múltiples formas en las que se transforma el villano inconsciente y de los maquillajes más sofisticados a través de los cuales la vocecita interior te seducirá para que evites mirar al dolor, punto de salida a la indefensión.

Trascender el sufrimiento es condición sine qua non para la victoria final, para ganar el juego de tu vida y para hablar con seguridad y propiedad. Utiliza esta saga de libros como lo que son, instrumentos de fuerza motriz hacia la libertad. Haz de ellos un trabajo diario, estúdialo y haz todos los ejercicios. Eres inteligente, utiliza tu mente como un campeón, concéntrate y préstate suma atención. Al fin y al cabo eres la persona con la que vas a convivir el resto de tu vida.

Esta saga te permite ser conocedor de los más sofisticados mecanismos de la mente, con lo cual ya sabes que su función predominante es protegerte y reproducir constantemente el disco que tiene grabado. El modus operandi consiste en ponerte la misma película una y otra vez. El ser humano es un animal de costumbres pero Dios, la energía o el universo, como quieras llamarlo, nos dio la capacidad de educarnos y modificar esas costumbres. Ten fe, las cosas pueden cambiar en el momento en que decidas hacerlo.

Tu pasado no determina tu futuro. Has de tener una fe inquebrantable. He superado una adicción, un gran trauma, he conseguido remontar mi vida y llevarla al éxito desde el más oscuro recoveco de mi vida; no sólo dejé la cocaína sino el tabaco utilizando el poder de mi mente. He construido una vida sana, profesional, equilibrada y feliz con un adecuado uso del foco y la concentración mentales; he ayudado a miles de personas a soltar sus cadenas, a construir vidas, he acompañado a muchos deportistas de élite a conseguir abrumadores éxitos en tiempo récord y día a día ayudo a muchísimas personas que apuestan por sí mismas, a transformas sus vidas de manera sólida.

Si yo he podido tú puedes también.

Ahora bien, te diré algo, independientemente de cuál sea tu situación, puedes hacer dos cosas:

Esperar a que pase algo que cambie todo, o hacer que las cosas pasen y estar dispuesto a pagar el precio del proceso.

Estoy muy orgullosa de ti porque sé que vas a apostar por ti y vas a ser capaz de atravesar las catacumbas de tu mente saliendo victoriosa.

Ser perseverante en el camino de salida de tu zona de confort provocará que tu mente comience a generar nuevas conexiones neuronales, favoreciendo la creación de nuevas rutas hacia nuevas realidades.

El alma busca crecer y expandirse, en cambio la mente busca proteger todo aquello que conoce y con lo que se siente segura.

...

Como has podido ver en el gráfico de la zona de confort, justo en el límite existe una zona de pánico que has de transitar, una zona de miedo, un desierto que vamos a atravesar. Ya sabes que puedes sentir emociones encontradas, paradojas que te van a confundir y falsos atajos que van a distraerte. Nada de eso importa si conoces bien la salida del laberinto.

El miedo es una emoción densa que favorece el inmovilismo, pero recuerda que: **SENTIR MIEDO NO IMPLICA ESTAR EN PELIGRO REAL.**

...

Las emociones pueden medirse en calibres o densidades[5]; el miedo, por ejemplo, es la segunda emoción más densa, justo después de la culpa. Ésta ocupa el puesto ganador de emociones tóxicas y también has de transitarla en tu proceso de despertar y despegue. Todo cambio de paradigma o ruptura de un patrón va acompañado de la emoción que ejerce de freno para el cambio: la culpa a no ser obediente, a no comportarte como ese niño bueno que debes ser y que ha de complacer las lealtades inconscientes de otros.

El proceso de salida pasará por culpa y por miedo querido

____

5   HAWKINS, D. El Poder frente a la Fuerza. El Grano de Mostaza, 2015.

lector, emociones que no has de evitar, sino integrar. Estoy a tu lado en esta senda de empoderamiento y autorresponsabilidad. Espera lo mejor porque llegará; ofrece lo mejor a las personas de tu alrededor cuando todo eso llegue pero, de momento, atesóralo sagradamente en tu interior. No comuniques tus deseos ni pretensiones porque la mente buscará cualquier excusa del exterior para saboteart.

Guarda tu energía en ti, como tuya que es y lo que ha de manifestarse se manifestará.

...

Respira el miedo, respira la culpa, vamos a caminar de la mano con ellos, vamos yendo hacia tu objetivo sosteniendo cada una de las emociones que aparecen en tu período de transición. Aprovechemos para limpiarlas.

Todos los pensamientos vienen filtrados por una emoción, cada percepción es sesgada por estados emocionales no resueltos. Mientras seguimos anclados al pasado, el pasado sigue anclado a nosotros. Rompámoslo!

En el siguiente capítulo te enseño como...

6. CRUZANDO EL INFIERNO, ALQUIMIA DE CREENCIAS, EJERCICIOS PRÁCTICOS

Las emociones no resueltas son creencias y paradigmas inconscientes que viajan por la mente y el cuerpo, información grabada a modo de programa que se generó por repetición o por alto impacto emocional:

En el primer caso, la creencia se generó a raíz de un discurso repetitivo por parte de tus educadores, por ejemplo cuando te explicaban qué cosas estaban bien y qué cosas estaban mal; a partir de ahí y a causa de la necesidad de aprobación, actuabas conforme a ciertas indicaciones dirigidas por refuerzo positivo o castigo.

En el segundo caso, mediante una vivencia traumática, provocándose en la mente un anclaje emocional asociativo que vincula un estímulo con una respuesta condicionada, bien sea positiva o negativa; por ejemplo, si tienes un accidente de tráfico y evitas volver a entrar en un vehículo por miedo, ese anclaje de huída se reforzará si no enfrentas desde un primer momento la situación amenazante generada a raíz del acontecimiento traumático.

Las creencias pueden ser potenciadoras o limitantes, con lo cual has de detectar qué creencias te ayudan y cuáles te limitan para salir de donde estás acercándote a donde quieres. Las creencias limitantes deben ser transformadas y las potenciadoras fomentadas para que te ayuden a salir de la indefensión aprendida por la puerta grande.

A continuación puedes hacer algunos ejercicios transformadores. El primero de ellos para ayudarte a cambiar la creencia limitante gradualmente, mediante la programación neurolingüística, basado en las enseñanzas de Byron Katie para la toma de conciencia, la transformación y la aceptación; el segundo es para las personas de acción; si eres una persona de acción que quiere resultados poderosos en tiempo récord, entonces debes actuar en línea con la nueva creencia.

A continuación ambas posibilidades:

Ejercicio 1: PNL para cambio de creencias.

Coge una hoja en blanco y escribe qué opinas sobre ti y sobre algunas cosas que te preocupen, por ejemplo: sobre la salud, el dinero o el amor. Cuando hables sobre ti escribe "Yo soy…" y pones a continuación lo que te venga a la mente. En el segundo caso puedes realizar construcciones diferentes. Por ejemplo, si escribes sobre el amor, puedes poner "Para tener amor tengo que…" o "El amor es…".

Cuando lo tengas redactado, subraya de color azul aquellas creencias que son positivas para ti y en rojo las creencias que consideres limitantes.

Ahora vamos a trabajar con las creencias limitantes basándonos en las enseñanzas de Byron Katie[6].

6　　KATIE, B. "Amar lo que es. Cuatro preguntas que pueden cambiar tu vida". Books4pocket, 2009.

Separa las creencias potenciadoras de las limitantes en dos columnas diferentes volviéndolas a escribir de nuevo. Después comienza a trabajar cada una de las creencias limitantes del siguiente modo:

-Escribe la creencia limitante:

____

____

____

____

Ahora vas a hacerte las siguientes preguntas de manera muy consciente:

1. ¿Es verdad esta creencia? (Si la respuesta es no, ve directamente a la pregunta 3)

____

2. ¿Puedes saber que es verdad con absoluta certeza?

____

3. ¿Cómo reaccionas, qué sucede cuando crees en ese pensamiento?

____

____

____

¿Ese pensamiento trae paz o estrés a tu vida?

____

____

____

¿Qué imágenes pasadas o futuras ves, y qué sensaciones físicas experimentas mientras piensas ese pensamiento y contemplas esas imágenes?

____

____

____

¿Qué emociones se producen cuando crees en ese pensamiento?

____

____

____

¿Qué adicciones u obsesiones comienzan a aparecer cuando crees en ese pensamiento?

____

____

____

¿Cómo tratas a la persona en esta situación, cuando crees en ese pensamiento?

____

____

____

¿Cómo tratas a otras personas y a ti mismo?

____

____

____

4. ¿Quién serías sin el pensamiento?

____

____

____

Una vez hayas hecho el ejercicio, puedes darle la vuelta a la creencia, es decir, transformar la creencia negativa en positiva.

A continuación puedes hacerlo con esta creencia que estás trabajando en este momento:

____

____

____

____

Para las demás, te recomiendo que lo hagas en diferentes hojas en blanco; después puedes plegarlas y ponerlas en esta parte del libro.

Lee todas las creencias empoderadoras, pero hazlo despacio, sintiendo cada una de ellas. Observa cuál de todas ellas te resuena más, quizá es más de una. Márcalas.

A continuación coge una hoja en blanco y escribe la creencia potenciadora arriba del papel. Puedes comenzar por la que tú quieras, pero debes centrarte en una por vez. A continuación, vas a trabajar por cuarentenas.

Primero elige un momento del día en el que vas a trabajar con la creencia. Cada día el mismo momento y el mismo lugar o, al menos, el mismo ambiente. Procura que sea un lugar tranquilo, relajado, enciende una vela y pon un incienso, hazte un té si te apetece.

Después busca un lugar para sentarte en ese espacio, coge tu hoja con la creencia escrita y un bolígrafo. Debajo de la creencia escribe de nuevo la creencia pero no de manera automática, sino consciente. Sintiendo cada palabra, cada sílaba, cada espacio. Realiza la escritura de la creencia veinte veces cada día acompañándola de respiración consciente y mucho amor hacia ti mismo.

Este ejercicio se ha de hacer durante una cuarentena, es decir, cuarenta días seguidos, a la misma hora, en el mismo espacio, escribiendo veinte veces la creencia con respiración consciente.

Puedes trabajar una creencia por momento y sólo dos por cuarentena, siempre en horas diferentes y nunca en la misma sesión. Es decir, puedes elegir la mañana para trabajar una creencia y la tarde para trabajar la otra. Eso durante cuarenta días.

Cuando haya pasado la cuarentena, realiza las repeticiones, pero ya de cabeza, no mediante la escritura. Recuerda que la escritura es fundamental para la integración de la creencia, hazlo de manera escrita por lo menos el período de cuarentena para que sea integrado.

Después comienza a trabajar con otra creencia diferente. Será mucho más efectivo si lo haces de una en una, más que de dos en dos, teniendo en cuenta no trabajar más de dos creencias por cuarentena.

Haciendo este ejercicio correctamente alcanzas estados de conciencia significativos y consigues cambios positivos orientados a la nueva creencia.

...

Ejercicio 2: Acción Consciente para transformación de creencias limitantes.

Primero detectamos la creencia limitante, la escribimos en un papel. Después la reescribimos más abajo transformándola por la creencia potenciadora que correspondería. Por ejemplo:

Creencia limitante: Siempre fracaso en mis proyectos.

Creencia potenciadora: Siempre tengo éxito en mis proyectos.

A continuación, has de actuar "como si", es decir, en base a cómo lo harías si tuvieras la nueva creencia potenciadora. Así desde la acción romperás corporalmente la creencia limitante, con lo cual influirás positivamente en tu inconsciente.

Cuando existe un anclaje emocional profundo a una creencia limitante, sentirás emociones limitantes como miedo, culpa e inseguridad en el momento en que realices la acción, también sensaciones corporales incómodas como sudoración o palpitaciones. Ten en cuenta que estás haciendo lo contrario de lo que te indica la mente y eso provoca mucho miedo porque estás saliendo de tu zona de confort y entrando en tu zona de pánico. Pero la zona de pánico es el único camino que te conduce a tu zona mágica.

Este proceso es necesario para la integración, estás limpiando los anclajes, dite a ti mismo que es normal y que es parte de tu proceso. No desistas, actúa a tu ritmo, según puedas ir digiriéndolo. Ve poquito a poco pero ve, así irás ganando paso a paso la partida a tu ego. Te apoyo incondicionalmente en esta batalla, tienes soporte, ayuda y apoyo.

¡YO SOY, TÚ ERES, NOSOTROS SOMOS!

...

Se ha demostrado científicamente que nuestro organismo se renueva cada siete años, cada una de nuestras células son totalmente regeneradas en este período de tiempo, aprovechemos esta limpieza a nuestro favor.

...

Quiero darte lo mejor para que puedas realizar este bonito camino de manera llevadera, de la forma más saludable para ti lo que implica que vamos a ir limpiando todo lo necesario para que tus deseos se vean manifestados.

Como seres emocionales, según vibremos, así construiremos la realidad percibida y así manifestaremos.

Las emociones de calibre más denso son la culpa, el miedo y la tristeza, en orden de densidad descendente. Justo más arriba se encuentra la ira, ésta se erige como punto de inflexión y transformación para dar el salto a las emociones superiores de calibre menos denso y más sutil. La ira saca de la pena y dispara la energía, por lo que a nivel de calibre, es mejor sentir ira que pena porque la segunda hunde y la primera eleva.

...

Sabiendo utilizar bien la ira, podrás salir de la pena y elevarte hacia la alegría que está en niveles superiores. La pena es ira hacia dentro, ejercida contra uno mismo. Si te sientes identificada, deja de hacerte daño y comienza a mirar hacia dentro. Respiremos la pena, la ira o el miedo, coge mi mano, está disponible para ti. Suelta las culpas que de nada te sirven y date una oportunidad.

...

Querido lector tienes muchas emociones cohabitando contigo; según vayas sanando el alma, esas emociones irán cambiando y disolviéndose. Los contenidos de esta saga y los procesos personales que desarrollo son definidos por las personas que acompaño en sus procesos como auténticos bálsamos para el alma, saltos de conciencia y procesos de profunda y absoluta trasformación personal. Contribuyen a la expansión del alma y del SER.

Un día, justo antes de dormir, recibí un whatssap de una clienta que afirmaba:

"Gracias por todo, he conseguido un gran éxito en mis negocios. Gracias por ayudarme en esa otra área que yo no quería mirar porque gracias a hacer lo que no quería hacer, ahora tengo el éxito que quería tener. Gracias por saber verme".

...

Cosas como esta te llenan de vida, amor y plenitud.

Te felicito por estar aquí, leyendo y estudiando una saga de libros como esta, con altísimos niveles de sabiduría emocional y sólo dispuesta para las personas que apuestan por sí mismas como tú. Enhorabuena porque eres una de las personas que está transformando su vida y la de las personas que te aman.

Una de las artistas a las que acompaño en consulta, hace una semana y tras sólo un mes de proceso de coaching, comunica que ha conseguido un trabajo en la orquesta que ella más quería; y hoy mismo, informa que ha sido una de las seis elegidas en una decisiva prueba donde se han presentado miles de personas, consiguiendo un segundo puesto de trabajo.

Persona comprometida donde las haya, persona de fe que actúa y trabaja duro. Éste es sólo uno de los muchos ejemplos que pasan por mi consulta cada año.

DE TI DEPENDE TENER RESULTADOS. FILTRO A LAS PERSONAS CON LAS QUE TRABAJO AL IGUAL QUE LO HACE LA VIDA: POR EL COMPROMISO QUE TIENEN CONSIGO MISMAS.

SI QUIERES RESULTADOS TIENES EL PAPEL PROTAGONISTA EN TU PROCESO DE CRECIMIENTO.

¿Sabes por qué las personas a las que acompaño obtienen resultados?

Porque yo los obtuve primero en mí misma. Soy una de las personas que mejor conoce el funcionamiento de patrones tóxicos en la mente humana; tengo resultados porque tuve que aplicar en mí misma todas y cada una de las técnicas que has leído y leerás en esta saga, he salido de mi zona de confort cada vez que ha sido necesario y he apostando todo a la ficha de la vida. He vivido cada acontecimiento en primera persona y he aplicado cada herramienta a nivel práctico.

Cuando tenía seis años superé la muerte, lo hice porque no tenía más opción que sobrevivir. Acompañada del mayor sufrimiento de no tener a nadie a mi lado a quien tocar, de tener las piernas quemadas en tercer grado y con altísimos niveles de dolor diarios, seguí adelante sin mirar atrás. Desarrollando capacidades que me hicieron cada día más fuerte y más grande.

Si una niña de seis años pudo soportar esas calamidades, tú también puedes trascender cualquier eso que te daña.

...

Con dieciocho años superé una relación tóxica y una conducta adictiva a la cocaína. La falta de estima, la necesidad de pertenencia y el dolor oculto me llevaron a llevarme en brazos de la persona equivocada y al consumo de una sustancia como mecanismo de supervivencia en la etapa de la adolescencia.

Si una chica de dieciocho años sin autoestima salió de una relación tóxica y de una adicción mortal, tú también puedes salir de donde sea.

...

Cuando una persona sufre un alto impacto emocional, la herida duele y se esconde para poder sobrevivir. Pero el peso sigue, continúa escondido hasta que la persona decide limpiar esa herida. El inconsciente la guarda celosamente como un tesoro escondido hasta que se va limpiando poco a poco haciéndose consciente.

Cuando una persona sufre baja estima e indefensión aprendida, el profundo vacío interior y las carencias ejercen de palanca de movimiento con respecto a las decisiones tomadas.

Abre bien los ojos querido lector, observa detenidamente desde dónde tomas tus decisiones. La falta de amor propio ejerce de motor para el autosabotaje. La falta de autoestima provoca que tus movimientos se dirijan a las personas que te brindan algo de atención, aunque no sean beneficiosas para ti.

...

El mayor deseo de todos los seres humanos es que nos vean, ser vistos por las personas que tenemos alrededor, ser amados, tenidos en cuenta, abrazados en toda nuestra extensión con todos nuestros defectos y virtudes.

Comienza por ti, empieza a mirarte; una nueva vida te espera, llena de amor y magia. Mira a la persona que tienes delante de ti en el espejo, deja de asustarte a ti mismo con pensamientos negativos y date cariño, comprensión, atención; hazte saber que todo está bien en ti, somos transformados por el amor y la atención a nuestra alma.

Querido lector, ten en cuenta que eres uno de los afortunados que están leyendo este libro y han decidido transformarse liberándose de las cargas sobrantes; ofrécete reconocimiento por ello, dite lo que vales. No todo el mundo tiene la valentía de comenzar un proceso de este tipo.

¡ERES VALIENTE, INTELIGENTE, HÁZTELO SABER!

HACEN FALTA MUCHAS AGALLAS PARA MIRAR HACIA DENTRO, LIMPIAR LA SUCIEDAD SOBRANTE Y DEJAR SALIR EL BRILLO DE LAS PROFUNDIDADES.

¡ENHORABUENA POR SER!

Acompañando esta saga con uno de los proceso de transformación que ofrezco únicamente a personas comprometidas y pagas el precio de hacer todo lo que necesites para salvar tu vida, en muy poco tiempo serás la persona que deseas ser y estarás en el lugar que deseas estar.

Todos tenemos experiencias que contar y cosas que aceptar, de nada sirve que te culpes, deja ya de hacerlo.

La etapa que viví durante mis años de adolescencia, consistió en sumergir mi dolor en una sustancia que, inicialmente, me ayudaba a desconectar de él, pero que, a continuación, me llevaba al más profundo infierno. Sustituí los libros por las fiestas interminables, las notas por el éxito social y mi propósito de vida, todavía difuminado, por una nebulosa llena de música, luces y acción.

En definitiva me sirvió de evasión y de aprendizaje, no me culpo ni me avergüenzo porque forma parte de mi vida y de mi historia. Además, me sirvió de trampolín para conseguir mis metas porque así lo quise yo. Si no hubiera pasado por todo aquello, no sería quien soy hoy.

Si estás haciendo algo parecido toma conciencia de que la evasión del sufrimiento con conductas recreativas es temporal, no importa si se trata de sustancias adictivas, compras, comilonas o amantes de una noche. Durante un tiempo sirven pero al cabo de un tiempo ya no llenan los espacios del alma. Mientras cumplen su función ilusoria, el engaño desvela una falsa curación cuando, en realidad, sólo envuelve el dolor con un bonito lazo de diversión y emociones. Puede estar bien durante se período pero ya no cuando comienzas a tomar conciencia de lo que sucede.

...

Todas las veces que he roto moldes y he salido de la indefensión aprendida, ha sido gracias a quemar todos los barcos, ni tenía ni quería otra opción, sólo vivir y salir adelante por encima de todo.

ERES MERECEDOR DE TODO LO BUENO, HAZTE VALER QUERIDO LECTOR, HÁZTELO SABER A TI MISMO. ABANDONA DE UNA VEZ LA CULPA, ELLA TE AGARRA A LA INDEFENSIÓN APRENDIDA

Nadie es perfecto, todos tenemos errores por los que callar, no te juzgues duramente, ni el juez más duro sentencia peor que uno mismo. No hay nadie más que tú ahí fuera haciéndote nada. Eres tú la persona que tiene el poder y la capacidad de comenzar su vida a un siguiente nivel.

El único paso que necesitas dar para salir de la indefensión aprendida es QUERER HACERLO.

Lo primero que respondo a todos mis clientes cuando preguntan, ¿cuánto tiempo tardaré en estar mejor? Es: depende de ti.

Lo segundo que hago es preguntarles: ¿Quieres estar mejor realmente?

...

Si es tu caso, bienvenido, si no lo es, mejor dejar de perder el tiempo los dos. El primer ejercicio que debemos hacer es el de auto-honestidad, saber si queremos salir realmente de nuestro papel de víctimas y decirnos la verdad sobre nuestras emociones.

...

Si algo he aprendido del mecanismo de indefensión aprendida es que funciona a través de un interruptor de culpa de alto voltaje. El peso que impide avanzar querido lector es precisamente el peso de la culpa. Libérate de ella y tu vida se liberará de lastres. Deja ir todo aquello que no te pertenece y deja espacio para lo que es tuyo por derecho propio.

Cuando entramos en conductas adictivas, relaciones tóxicas o mecanismos auto-destructivos, la indefensión aprendida se potencia porque la culpa se incrementa, son variables directamente proporcionales. Si te encuentras en alguna de estas circunstancias, no significa que seas mala persona, sino que no has sabido gestionar mejor tu dolor. La conducta potencia el desamparo al ir acumulando culpa generada en el alma a causa del maltrato que te estás infligiendo.

La mente confunde pero el alma conoce. Tienes que saberlo y decidir vivir ya. Dejar a un lado todo aquello que te impide volar, rompe tus cadenas para que tu vida sea VIDA.

...

Ésta es una saga de lectura y de consulta, a través de la que puedes transformarte y aprender muchísimo si te concentras en profundidad, lees detenidamente y haces paso a paso cada ejercicio. Este libro pertenece a una saga con la que salir de la indefensión aprendida paso a paso. Tienes delante de ti una guía del funcionamiento de la mente y del alma en profundidad con un valor incalculable.

7. CINCO REQUISITOS PARA FLUIR HACIA LA VIDA

Hay cinco requisitos que te ayudarán a salir de la indefensión, aunque el principal es: la mente humilde. Dejar la mente abierta a observar desde el no juicio, ni la crítica, abandonar la culpa y el miedo. En definitiva ser como un niño pequeño, virgen de pensamiento y amoroso de sentimiento. A continuación te las mismas claves que a mí me ayudaron cuando estaba en tu lugar:

1. La mente humilde

2. Las ganas de vivir

3. El apoyo de familia y seres queridos

4. Acompañamiento de un buen profesional

5. Relaciones sociales sanas

El amor y el apoyo a ti mismo parte de ofrecerte lo mejor para tu bienestar, saber que lo mereces y estar dispuesto a dártelo.

Al final todo son estados de adicción a una sustancia, a una persona, a una situación o, incluso a un patrón de pensamiento o conductual. Piensa en la persona en la que te vas a convertir tras tu paso por estas líneas, ten la seguridad de que jamás volverás a ser la misma persona que sufre; ya no puedes engañarte, sabes que eres el que se daña y tienes el gran papel estrella de dejar de hacerlo. Busca los requisitos y, si no los tienes, busca alternativas que te sirvan. Si no tienes familia, hay muchos lugares donde puedes acudir a buscar apoyo, hay muchos grupos de crecimiento personal, algunos gratuitos. Puedes ir a centros de yoga, iglesias o asociaciones, te tratarán bien y te brindarán la información que te dirija al apoyo necesario, sólo necesitas moverte y buscar.

Cuando la persona lleva grabado un profundo daño en sus emociones, posee un ego demasiado inflado. La humildad va por otro lado, hazte un favor haciendo deporte y meditación para acallar a esa cotorra que tienes en la azotea, deja espacio para pensamientos que te ayuden y te nutran.

¿Qué prefieres: ser feliz o tener la razón?

...

Las ganas de vivir se consigue con metas y objetivos, con cosas que te hacen ilusión, con tu propósito de vida, ¿recuerdas a Victor Frankl? Vuelve al capítulo anterior y date un refresco.

...

Todos tenemos algo importante que hacer por los demás y es precisamente eso lo que nos hace sentirnos vivos y realizados con nosotros mismos.

Si te sientes perdido, busca un buen profesional y hazle saber tu caso. Olvida el dinero, si no lo tienes ofrécele algo a cambio, algo valioso que puedas dar, seguro que lo tienes, puede ser impartir clases de inglés a sus hijos, hacerle la colada o limpiar su casa. Seguro que hay algo que puedes hacer por los demás de manera altruista mientras te ayudan en tu proceso.

Ten la mente humilde para poder ver todas estas opciones y alternativas.

...

Permite que un sentimiento de seguridad te invada y permite que tu vida vaya teniendo forma, luz y color. Acompáñalo con nuevas amistades, gente sana que te aporte, seguro que es fácil para ti conocerla en esos lugares o grupos de crecimiento personal. El mundo está lleno de personas bondadosas que pueden aportar y a las que puedes aportar. Eres un ser valioso, da vida y comparte con los demás. Tienes mucho a tu favor, mira a tu alrededor detenidamente.

...

El pasillo de salida del laberinto de la indefensión aprendida pasa por una casilla de gratitud y perdón.

La gratitud por haber llegado hasta aquí con vida, por reconocer tus errores y ponerles remedio. Gracias por ofrecerte ayuda y aliento, por ponerte en acción mediante la lectura de este libro y de la saga a la que pertenece. Gracias por haberte dado permiso de sufrir como lo has hecho y de aprender lo necesario para seguir viviendo. Gracias por ser como eres y por darte cuenta de todo aquello que necesitabas para seguir aprendiendo y crecer; gracias por ponerte manos a la obra y hacerlo, por no rendirte nunca y por permanecer siempre en un proceso de continuo aprendizaje.

Gracias por darte permiso para equivocarte y por tener la humildad de reconocerlo. Gracias por permitirme acompañarte en este proceso de sanación sagrado donde el alma sana al cuerpo y viceversa. Gracias por cuestionarte, por saber que no es todo lo que tienes delante, gracias por ser inspiración para muchos y transcendencia para otros.

Eres un ser infinitamente grandioso, lleno de gracia, una persona que apuesta por ver sus dones; eres alguien especial, te mereces tenerlo todo por derecho de conciencia, porque te lo has ganado. No importa lo que hiciste, lo que pasó o lo que se fue. Lo importante es ahora, eres tú, lo importante es en quien te has convertido y te vas a convertir. La esencia de todo es lo que cuenta; dar gracias por la semilla de fe, ese grano de mostaza con el que cuentas para mover montañas y materializar deseos.

Quiero pedirte algo: abandona la culpa, abandona la crítica y la autolesión. Ya pasó, de nada te sirven, deja ya de hacerte daño con todo eso que un día sucedió y que fue perfecto para el correcto desarrollo de tu ser.

Eres la persona que has venido a ser a este mundo, deja de esconderte tras un velo de miedo y duda. Ofrece brillo a las personas que acompañan tu existencia. Te amo y te acepto tal y como eres; soy consciente de ti y te acompaño tomándote en toda tu expresión.

No existen partes negativas en ti, ni asuntos a esconder, no existen errores de ningún tipo ni vergüenzas más que las que tú imaginas. Suelta, deja, olvida, di adiós a todo eso que no necesitas.

Hoy es un nuevo día, dile hola, hoy eres un ser renovado, un ser a honrar; la gratitud y el perdón afinan la trayectoria. No es necesario hacer tantas cosas, la lucha está de más cuando te encuentras alineado con tus dones.

El sentido de la vida es el secreto de un futuro próspero. Tienes seres que te acompañan dándote indicaciones al respecto, señales que pasan por delante de ti y se quedan grabadas en tu retina para ver la luz en el momento adecuado. No tienes que esforzarte, sólo enfocarte bien y permitir que las cosas pasen.

Soy consciente de todo tu esfuerzo por cambiar, por evolucionar y por trascender. Soy conocedora de tus logros y tus cambios, gracias por permitirme acompañarte al siguiente nivel.

Ahora, salgamos de una vez del victimismo y comencemos a luchar por aquello que mereces. Iniciemos el camino tomando todo aquello que se te dio al nacer y todo lo que conseguiste hasta hoy. Abraza la vida tal cual es y no tendrás que vivir en lucha nunca más. El entorno y los imprevistos han supuesto un desafío para ser inteligente fluyendo con ellos, como el agua que no lucha contra los obstáculos, más bien los sortea fácilmente.

...

Es momento de hacer magia, fluye como el agua que alquimiza cada obstáculo. Ven conmigo, hagámoslo juntos!

8. SALIENDO POR LA PUERTA GRANDE! ACOMPÁÑAME

¿Te imaginas cómo sería un día en el que te sintieras completamente libre y con pleno dominio de tu vida?

...

Siente la dulce tranquilidad del poder a tus pies, huele el aroma de la paz a tu alrededor, observa la luz y los colores de esa imagen en tu realidad. Sumérgete en tu universo interior, de él emanan las claves de la transformación y en él se encuentran las bases del cambio.

Démosle a la mente aquello que necesita para que sirva de aliada: comprensión. Ella necesita comprender a fondo a su "contrincante" para ganarle la jugada. De una cárcel se sale teniendo la llave y conociendo la salida. En este libro tienes el paso por paso y punto por punto del mapa de ruta para abrir tu celda mental.

A veces piensas que es difícil y sientes subir una montaña interminable. Luchas agotado hasta no poder más y justo, en ese momento, piensas que no es posible, que no puedes hacerlo. He ahí la excusa perfecta para la mente si intenta abandonar. El cuerpo se cansa, exhausto, la mente se sirve de ello, el agotamiento es caldo de cultivo para que la mente te convenza de que lo dejes, de que no se puede.

Ella urdirá la perfecta defensa para racionalizar la mentira. La mente está en lo cierto; estás en lo cierto desde la certeza de tu mente y sus creencias, viviendo en un estado de profecía autocumplida, comenzando a tomar decisiones y acciones basadas en tus falsas y racionalizadas creencias.

Como consecuencia se obtienen unos resultados, no otros, curiosamente siempre los mismos. Una y otra vez en el mismo laberinto...

¿No es agotador?

...

Querido lector, tú puedes romper cada uno de los barrotes de tu cárcel de manera clara, directa y sin complicaciones.

Ahora puedes tomar dos caminos: seguir engañándote a ti mismo o comenzar a cuestionar tus creencias desde la inteligencia más sublime.

Date el permiso de quererte de verdad, a fondo, de mejorar tu vida para que otros puedan verte brillar, servirles de guía a ellos, al igual que yo hago contigo. Lidérate a ti mismo para liderar a tu entorno, sé un punto de luz en su camino. Atrévete a cambiar tu situación, este libro es oro puro para tu proceso de cambio, permítete mejorar tus relaciones más íntimas, dales el placer de que te vean bien a las personas que te quieren.

Tienes delante de ti a la autora del libro, alguien que pasó por ahí y que escribe para ti su historia, aprovéchala. Tienes la certeza de que ha pasado por grandes desafíos y de que ha salido fortalecida de ellos, exprime todos los rincones de este manuscrito. No estás sólo, somos muchas más personas las que estamos juntas en este proceso. Perteneces al club de los supervivientes, de los que tienen más vidas que los gatos. Es tu obligación luchar por sobrevivir una vez más para ser ejemplo de las personas que te rodean.

Eres importante, mucho, tu crecimiento depende de tu determinación. No hay límites para ello, sólo actúa y verás recompensada tu vida de ahora en adelante. Haz todos y cada uno de los ejercicios que tienes en esta saga, estúdiala, exprímela y vive como si nunca lo hubieses hecho.

Puede ser que no sepas cómo hacerlo, eso es porque has vivido la vida entre bastidores. Ahora sólo tienes que caminar hasta el escenario.

PASA DE BASTIDORES AL ESCENARIO, DE SER UN PERSONAJE SECUNDARIO AL PROTAGONISTA DE TU HISTORIA

Piensa en cómo sienten tus seres queridos al mirarte, esas personas que se preocupan por ti y te ven ahí, escondido entre el telón de fondo. Piensa en cómo se sentirán cuando salgas ahí afuera en primera línea de acción.

DEJA DE DAR PLACER A AQUELLOS QUE TE ENVIDIAN Y SAL AL ESCENARIO A SER LA ESTRELLA

Eres importante para el mundo, tienes mucho que ofrecer a los demás y, además, tienes un grupo de personas que te apoyan, que están contigo y que ya lo han conseguido. Aprovéchate de mis enseñanzas, de todo aquello que puedo ofrecerte y del legado que dejo en tus manos. Utiliza todos tus recursos e influencias para alcanzar tus metas. Yo te apoyo, estoy contigo, puedes recurrir a mí en cualquier momento que lo necesites. Sólo has de escribirme al correo ana@coachingconanadejuan.com y conseguir tu proceso personalizado en exclusiva para ti.

Recuerda algo:

La persona que te está ayudando vivió entre bastidores hasta los 33 años, completamente disociada. Todos los logros que consiguió fueron fruto de su fortaleza emocional y espíritu de superación. Pero más allá de eso, fue porque NO TENÍA OTRA OPCIÓN.

SOBREVIVIR PORQUE SÓLO QUEDABA VIVIR, SALIR DE UNA TÓXICA RELACIÓN PORQUE ERA ÉL O YO, SUPERAR UNA ADICCIÓN PORQUE ERA VIVIR O MORIR, TRASCENDER UN MOMENTO DE ESTRÉS PORQUE UN NUEVO ESCENARIO ESPERABA, EL DE CONVERTIRME EN COACH PARA ESTAR AQUÍ AYUDÁNDOTE A TI HOY

La otra cara era morir en cada una de esas circunstancias.

...

Cuando no tienes más opción que salir adelante, lo haces y punto. Sólo basta decir ¡Hasta aquí!

El instinto de supervivencia te ayuda a superar dificultades, agárrate a la vida de una vez. Mientras sales de tu zona de confort el miedo y el estrés aparecen como protagonistas, impide que tu alma se esconda bajo llave, sin salir. Deja de ponerte por debajo de los demás, respétate y suelta la culpa. Abandona el pasado, céntrate en lo que tienes debajo de tus pies.

Sabes que es real y que tengo razón, ¿Sientes ganas de llorar?, si es así llora. Llora y sigue leyendo

...

Sé por lo que estás pasando y también sé de lo que eres capaz. Éste es el comienzo de tu despertar y de tu vida. Recuerda! Hoy comienza la salida hacia tu libertad!

Tu situación tiene solución, actúa, pon en práctica todo lo que te digo para mejorar tu vida. Es por ti, ¿por quién si no?

...

Sólo existe un punto de cambio que está en ti. Consiste en querer salir de la indefensión, en la voluntad interior de realizar un giro de tuerca. Lo demás viene por añadidura. El punto de cambio está en tu interior, comienza cuando decides plenamente que quieres salir del infierno. Es entonces cuando sacas las garras para salir de ahí, cuando estás plenamente convencido. Si tú lo estás, tu alma lo sabe y te ayuda.

Ya has pasado bastante sufrimiento, ya te has machacado culpándote por ello, es un sin sentido, no te sirve.

Eres un ser valioso, lo que sucedió ya pasó. Reconstruí mi vida cuando tomé la decisión de que nada me iba a limitar. Ahora estoy aquí contigo, soy una Coach reputada con grandes logros profesionales, tengo una licenciatura, dos masters, un experto y una tesis doctoral en camino. Pero esto no siempre fue así, hace diez años estaba al límite de una situación de estrés, dejando por completo mi carrera en el mundo de la investigación científica, hace treinta años, con tan sólo 6 estaba completamente sóla, soportando dolores inhumanos y viviendo con desconocidos en una planta de aislamiento y hace veinte años estaba soltando una relación tóxica y desintoxicándome de la cocaína. Así es y así lo cuento porque la verdad nos hace libres. Si yo puedo, tú también puedes!

Lo primero que tienes que hacer es querer darle la vuelta a lo que sea que te atormenta, lo segundo trabajar bien duro por tu vida y por tu éxito. Deja de preocuparte tanto por los demás y comienza a soltar todo el peso ajeno que cargas.

Algunas de las personas que están a tu alrededor se revelarán ante tu mejora, te dirán que estás raro o que eres malo, sólo porque ya no sucumbes a sus demandas. Te sucederá sobre todo con aquellas personas que mueven tus hilos para conseguir lo que desean de ti. Has de saber que esas personas también tienen sus heridas y desde ahí te dañan, comportándose de manera egoísta y aprovechando su influencia sobre ti para manipularte. El chantaje emocional es un deporte nacional, hasta de las personas que más te quieren, quiérete tú más y hazles el favor de poner límites.

Puedes ponerlas en su sitio poniéndote a ti mismo en el tuyo, crea tu propio espacio sagrado. Tienes la obligación y el derecho de conciencia de hacerlo. Tienes la bendición de tu energía vital. No dejes que nadie te robe tu energía, es tuya!

Reflexiona sobre lo siguiente:

Si alguien te dice que eres egoísta por hacer lo que tú quieres, no lo que él quiere; entonces, ¿Quién es realmente el egoísta?

Piénsalo

(...)

"Yo no conozco el secreto del éxito pero tengo claro que el secreto del fracaso es querer complacer a todo el mundo"
Woody Allen

Olvídate de las personas que te critican. Ahí seguirán estando hagas lo que hagas. Olvídate de todo eso porque no te sirve de nada.

No levantes la vista del libro ni para pestañear, la información que viene te interesa mucho para salir de la indefensión y crecer. Presta mucha atención...

9. LA CAMPANA DE GAUSS Y EL QUÉ DIRÁN

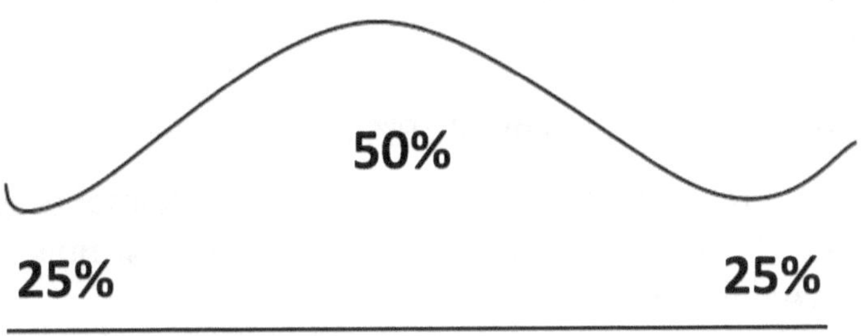

Esto que ves es una campana de Gauss acompañada por unas cifras que se relacionan entre sí con respecto a eso que te preocupa y que llamas "el qué dirán".

Se trata de resultados científicos obtenidos en investigaciones dentro del campo de la psicología. Porcentajes que correlacionan las conductas humanas y las personas que rodean al sujeto que realiza la conducta. Estate muy atento a lo que vas a leer a continuación. Presta atención porque son cifras que van a cambiar tu vida para siempre:

El primer 25% hace referencia a las personas que te quieren. Ante un hecho acontecido del cuál tú eres el protagonista, esas personas te apoyarán o comprenderán.

Explicado de otra manera:

-Hagas lo que hagas, ya sea muy bueno o muy malo, el 25% de las personas que te conocen te apoyarán o te disculparán porque te quieren. Con lo cual, bien ganes un premio nobel o mates a alguien, un 25% de las personas de tu entorno te apoyará.

-Por otro lado, el otro 25% de las personas que te rodean, ante el mismo acontecimiento, te criticarán. Ya ganes el nobel o mates a alguien. Te juzgarán, bien porque te envidien, porque no te quieren o, simplemente, para divertirse inflando su ego en sus conversaciones con amigos.

...

-¿Sabes qué sucede con el 50% último?

Se trata de personas a las que les dará totalmente igual lo que te haya pasado o personas que ni si quiera se enteren de eso que has hecho.

...

Ahora puedes hacerte una pregunta fundamental: ¿A qué grupo de personas estoy mirando?, ¿Dónde tengo mi foco?

...

Date cuenta de algo: te preocupas una y otra vez por lo que pensarán los demás. Sin embargo, lo que realmente sucede es que te estás enfocando en el grupo de personas incorrecto.

No se trata de que te critiquen, se trata de tu propia autocrítica.

NO SE TRATA DE LO QUE DICEN DE TI, SINO DE LO QUE TÚ CREES DE TI MISMO.

...

Cuando volví a clase tras la convalecencia médica en casa, muchas de mis compañeras se alegraron, me besaron y me dijeron que habían rezado por mí cada día.

Sin embargo, un pequeño grupo liderado por una niña no sólo no me arropó, sino que aprovechó para criticar mis cicatrices.

Cuando llegaba el verano mi deseo era ponerme minifalda o pantalones cortos. Para mí, eso era salir por la puerta grande cuando tenía seis años. Y lo era porque, tras el accidente, me prohibieron taxativamente exponer al sol las cicatrices durante un año. Mi verano de 1988 transcurrió tras un chándal de algodón de invierno sentada mirando a mis amigos mientras jugaban en la piscina.

Ponerme buena pronto era tan importante para mí, que cumplía a rajatabla con todos los mandatos que ordenaban los médicos.

Esa compañera rubia de ojos azules era una líder de un grupo de niñas cuyo fin consistía en criticar a toda compañera que no llevase ropa de marca o no fuese perfecta. Con lo que me convertí en un blanco muy fácil.

Mis cicatrices de guerra no se amoldaban a sus expectativas estéticas y aprovechó para insistir en que me tapase cada vez que tenía oportunidad. No lo consiguió, le costó mucho pero un día me tapé, justo a la entrada de la adolescencia.

Excluí mis sentimientos por escuchar voces ajenas, por dar espacio a las críticas de una niña llena de carencias, cuyo objetivo era hundir a los demás para levantarse ella.

Te diré algo querido lector, esa niña que insistía en que me tapase las cicatrices, tenía la cara llena de granos. La persona que peor me trataba por mi aspecto estético era la que peor aspecto estético facial tenía en clase.

¿Entiendes lo que hay detrás de todo esto?

EL MECANISMO DE LA PROYECCIÓN PSICOLÓGICA PROVOCA UN JUICIO Y UNA CRÍTICA SEVEROS DE AQUELLO QUE REPRIME EL INDIVIDUO, EJERCIENDO DE PANTALLA DE CINE EN SU VISIÓN DE LOS DEMÁS

Explicado con palabras más sencillas: cada vez que alguien critica a otra persona severamente está ejerciendo de su propio juez, pues eso que tanto critica es suyo, de otro modo no podría verlo.

Deja de escuchar voces incorrectas y céntrate en las personas que te ayudan a volar, que te impulsan a brillar. Deja de mirar el 25% de personas que te dañan o al 50% de las personas a las que no importas en absoluto. Deja de mirar la carencia y céntrate en las personas que te aman, que te ayudan y que están contigo ante la adversidad.

Antes se desconocía pero hoy en día puedes utilizar muy bien esta información. Aprovecha para ayudar a tus hijos enseñárselo a tus seres queridos. La vida mejora cuando comienzas a poner límites.

Viviendo en el inferno de las adicciones el foco se acentúa más, el 25% de la crítica da paso al 100% de la autocrítica. La culpa acumulada durante un período de adicción es muy fuerte porque estás atentando contra ti fundamentalmente. Tú mismo atentas contra tu vida, con lo cual el sentimiento de peso va *in crecendo*.

...

Si eres adicto y estás leyendo este libro, has de saber que la salida de ese laberinto pasa por cambiar el foco y dirigirlo a la puerta grande. Ya sabes cómo funcionan las emociones en el transcurso de la adicción y cómo operan con la autoestima, minando su refuerzo bajo mínimos.

No importa cuánto tiempo lleves consumiendo, ni a dónde hayas llegado, te mereces salir por la puerta grande sí o sí.

LO IMPORTANTE NO ES DÓNDE ESTÁS SINO A DÓNDE TE DIRIGES. EL PUNTO DE PODER SIEMPRE ES EL MOMENTO PRESENTE.

...

Soy conocedora de tus pensamientos y emociones, recuerda que he pasado por tu situación. Hay momentos de tanto dolor que sólo quieres irte, otros en los que existe mucha confusión, también esperanza y otros en los que recaes justo cuando decides dejarlo.

Rezas en los momentos en que te sientes peor pero, al cabo de unos días, cuando te sientes mejor, vuelves a consumir. En esos momentos acumulas más culpa todavía. Quiero ayudarte a que decidas, pero a que decidas bien, por y para ti.

Tu recuperación es posible y empieza hoy, tiene tu nombre. La vida te espera, tu bienestar es un derecho de conciencia y una obligación moral, al igual que la mía es ayudarte tras haber pasado por donde tú estás.

Tienes la gran fortuna de estar leyendo este libro, parte de una saga que ofrece un profundo conocimiento de la mente, hasta el más íntimo entresijo, y de los mecanismos emocionales que rigen la conducta humana. El primer paso es cambiar de ruta, con el ejercicio de cambio de creencias que vas a realizar en páginas sucesivas estás bien entrenado, realízalo a diario como el que más; después apunta bien el cañón y ponlo a máxima potencia para, finalmente, dirigirte hacia el camino que mereces por derecho propio.

...

Has realizado paso a paso cada ejercicio, has leído el libro detenidamente, no escatimes en volver a cualquier punto si lo necesitas para reforzar tu salida del laberinto.

Fortalece lo que has de hacer y deja de hacer lo que tienes que dejar de hacer para ser LIBRE. Sigue haciendo caso a tu corazón conforme vayas leyendo. Date la oportunidad de ser la figura clave para el bienestar de tu clan. Ayúdate a ti mismo y emanarás amor por cada poro de tu piel. Realiza paso a paso cada ejercicio de cada libro, hazlo con calma, amor y reflexión, así abrirás tus alas al mundo y formarás parte de todos nosotros, un grupo de personas que no nos conformamos con lo aparente y luchamos por más. Que hemos puesto límites a las demandas emocionales de los demás y hemos apostado por nosotros mismos.

DEJA DE SER ESCLAVO DE LOS INTERESES DE AQUELLOS QUE TE EXIGEN LO QUE MÁS LES CONVIENE A ELLOS EGOÍSTAMENTE

Eres valioso, único y genuino, posees una historia que ha de ser vista y escuchada. Tienes la obligación moral de ayudar a los demás y todo el derecho a expresar tus sentimientos.

Cuando tenía seis años no pude expresar mis sentimientos, no tuve la oportunidad de contar a nadie lo que sentía porque en aquel momento "no estaba de moda hacer esas cosas".

¿Sabes lo que dijo un reputado médico del hospital a mis padres después de mi accidente mortal?

Que no era importante darme apoyo emocional porque era muy pequeña y me olvidaría del accidente fácilmente.

...

Esa era su creencia, pero NO la verdad. Querido lector, ni un profesional de bata blanca tiene la verdad absoluta, no te fíes de nadie si tu intuición te dice lo contrario. Ya está bien de validar teorías expuestas detrás de grandes títulos y pequeñas bondades. El liderazgo de opinión se gana, no se paga.

Escúchate y valida tu experiencia, tus sentimientos, ofrécete una oportunidad. Integra tu vida, hazlo para que funcione y comiences a caminar hacia delante.

Da las gracias por TODO, incluso lo malo, en la medida del sufrimiento que has vivido, en esa medida eres de grande como persona.

Agradece todo lo que has experimentado, ten en cuenta que eso te ha mostrado los auténticos niveles de tolerancia y fortaleza sobrehumanos que tienes y te ha ayudado como punto de anclaje para salir adelante encontrando el universo dentro de tu alma.

Haz caso de todas y cada una de las pautas de esta saga, hazlo y tu vida dará un giro de 180º. La mejor prueba de que estas herramientas funcionan soy yo misma. Copia y obtén, aplica a rajatabla todos los principios y herramientas igual que yo hice conmigo misma y obtendrás el mismo resultado que yo obtuve. Tengo un

Doctorado en Control Mental y Superación Personal, pero no por haber hecho una tesis doctoral sobre el tema, sino porque lo he vivido en primera persona, he aprendido hasta el último escondite de la mente egoica y doy fe de que sólo hay una única receta para trascender cualquier situación. Ven conmigo a descubrirla...

10. TRASCENDENCIA Y LIBERTAD. REPOKER MAGISTRAL

Humildad + Observación neutral + Acción + Fe

Hace falta una dosis altísima de humildad para la transformación. Hace falta volver a ser niño para entrar en estados alfa de pensamiento, donde la magia ocurre.

Es necesario realizar un profundo desmontaje del YO para sumergirte en un profundo estado de apertura. Gracias a ese estado de apertura que te aporta la humildad puedes ver lo que está sucediendo realmente delante de ti y no lo que tu ego cree que está sucediendo. A partir de observar la realidad de manera objetiva, puedes tomar la acción correcta para ti; después acompáñala de fe.

Piensa algo:

¿En quién he de convertirme para liberarme de este sufrimiento?, ¿Cuál es mi YO ideal?

...

Escríbelo:

____

____

____

La indefensión aprendida convierte a las personas en víctimas:

-Anula por completo la personalidad del individuo.

-Se exime a sí mismo de responsabilidad de manera inconsciente.

-Deposita todo su poder en los demás.

-Espera ser salvado por otro.

-Se pasa la vida esperando que algo suceda que le solucione la vida.

-Suele vivir enojado y en queja crónica.

-Siente incapacidad para solucionar sus problemas.

-Vive con un sentimiento de vacío interno crónico.

-Cree que no es capaz de conseguir retos.

-Vive en la creencia del no merecimiento.

-Se autosabotea a cada oportunidad.

¿Te sientes identificado con alguna de estas frases?

(...)

Date cuenta de que la persona que vive sumergida en la indefensión aprendida es un inválido emocional. Vive en el cuerpo de un adulto pero realmente es un niño pequeño. Se siente desprotegido y desamparado; cree que no es dueño de sus circunstancias, que su vida es un conjunto de circunstancias al azar que le van digiriendo. Como si él fuera un sujeto observador sin poder de decisión. Pero esa NO es la verdad. No eres el único que se siente así, hay muchas personas que viven desde la indefensión aprendida y yo fui una de ellas. Sé que estás sufriendo y que crees que no puedes hacer nada pero es falso, es mentira. Y también sé que deseas saber la verdad. Ninguna de esas cosas negativas lo son, sólo son nubes de culpa; la verdad, en cambio, es luz y alegría, amor por el presente, derroche de flujo vital.

Si yo lo hice, tú también lo harás. Salgamos juntos de la cárcel de la indefensión.

¿CÓMO SALIR DE LA CÁRCEL?

Lo primero de todo es lo siguiente. Grábalo en tu mente a fuego:

TIENES QUE PASAR DE OBSERVADOR A ACTOR

El único motivo por el cual no actúas a tu favor es porque vives en una cárcel invisible e inconsciente.

La persona que vive desde la indefensión aprendida se identifica emocionalmente con todo lo que sucede a su alrededor: acontecimientos, personas, lugares, etc. Lleva, literalmente, un muerto encima.

De este modo no vive su vida, sólo se identificas con esas cosas o personas. Cuando el daño emocional es muy grande, la persona no pisa suelo, en su lugar, vive la vida desde el territorio de otro. Emocionalmente puede vivir desde la madre, el padre o el hermano; desde la pareja o, incluso, desde un amigo. O lo más común: vivir desde creencias rígidas que impiden la conexión con las emociones reales.

Vivir desde el territorio de otro es confluir emocionalmente con sus emociones. Vivir desde las necesidades de otro, complaciendo carencias ajenas y sintiendo ausencia de auto-liderazgo. El precio que se paga por no tomar responsabilidad para salir del trance hipnótico es muy alto.

Cuando una persona vive desde un estado de invalidez emocional es como si viviera desde una silla de ruedas con un saco a la espalda. Cargando pesos ajenos y teniendo un comportamiento de auto-abandono, no es dueña de su vida. La cárcel es esta querido lector, la persona que está en la silla de ruedas está sana realmente, puede andar, correr y soltar el saco, aunque su mente crea que no.

...

La trampa mortal que configura el candado de la puerta de salida es vivir desde el la inconsciencia del auto-odio, con la necesidad de sentirte querido haciendo lo que crees que otros esperan de ti. Todos los seres humanos necesitamos sentirnos amados, pero ese amor sólo puede ser llenado por uno mismo.

Cuando comencé a escribir este libro, lo hice con el fin de ayudarte a romper ese candado, te doy todo mi amor y enseñanzas para que puedas hacerlo. Comienza a darte amor a ti mismo desde ya.

Vivir en modo "indefensión aprendida" implica una bajada de vibración emocional y una sensación de no valía. Automáticamente se deposita la valía personal en manos ajenas y se comienzan a llenar las carencias de otras personas con el fin de sentirte aprobada por ellas, así tienes la sensación de que adquieres el amor que mereces, pero eres tú el que deberías dártelo a sí mismo.

Piensa a quien estás complaciendo patológicamente para sentirte querida y aceptada.

Vivir desde la indefensión aprendida es hacerlo atado de pies, manos y boca, como si fueses un títere a merced de los egos de otros, sin voz ni voto, sin capacidad de reacción. Rompe ya la mordaza!

...

Es momento de salir de ahí, has aprendido mucho sobre el funcionamiento de la mente humana y su psicología. Ten la certeza de que te encaminas a realizar un gran cambio y, como tal, va a ser abrupto, el camino de salida comienza con amarte a ti mismo e implica que hagas cosas buenas por y para ti. Si no lo has hecho hasta ahora, el simple hecho de comenzar a hacerlo desviará la atención de las personas a las que complaces, dejando de llenar sus carencias. Comenzarás a ser justo contigo mismo y eso te hará sentir culpable.

Has de estar preparado porque todavía estás saliendo del cascarón y esas personas intentarán meterte dentro de nuevo. Estás sanando la falta de seguridad en ti mismo que has atesorado a lo largo de tu vida. Por eso has de ser consciente de lo que haces por los demás, frente a lo que haces por ti mismo. Cuando tus niveles de complacencia son altos:

-Dudas de cada cosa que piensas y/o sientes.

-Buscas aprobación continua del exterior.

-Eres fácilmente influenciable.

-Te niegas tu autorrespeto.

-Te sientes pequeño/a e insignificante.

-Un pequeño cambio en pro de tu bienestar te hace sentir culpable, como si no lo merecieras.

Asientes, puedo verte y sentirte, yo estuve en tu lugar. Pero tranquila, estoy contigo. Éste es el inicio del cambio hacia tu bienestar. Soy consciente de que realizas grandes esfuerzos emocionales y energéticos. También de que te alejas de personas que te invaden.

Te acompaño a cada paso!

Recuerda que este recorrido tiene salida y tú quieres salir. Has aprendido cómo hacerlo, ahora sólo falta que lo hagas y yo sé que lo vas a hacer porque ya lo estás haciendo muy bien. Confío en ti!

Eres grande, eres un ser valioso, la divinidad está dentro de ti.

El primer paso para romper es comenzar a decirte a ti misma la verdad:

-Soy una persona valiosa.

-Todo lo que hago está bien y me lleva a donde he de ir.

-Soy perfecta tal y como soy.

-Tengo derecho a ser quien soy.

-Me doy permiso para actuar.

-Confío plenamente en mi ser superior y en mi esencia.

-Tengo el derecho y la obligación de brillar siendo yo misma.

-Siempre me encuentro en el lugar adecuado.

Todo lo que lees son creencias verdaderas, paradigmas que favorecen la salud y el equilibrio, creencias sanas que ayudan a al avance de una mente sana, introyectos que piensa y siente una persona que ha trascendido su indefensión aprendida. Estas son creencias que te ayudan a crecer, las que te convierten en un adulto sano y exitoso. Cuando depuras la mente de suciedad emocional y consigues llegar a la verdad, tu vida se libera, cambia por completo y lo mejor de todo viene, te beneficias y beneficias a todos tus seres queridos.

Piensa en todas esas veces que sufriste y en el dolor que has soportado, tómalo como regalo y haz algo bonito con ello. Todo sufrimiento es una bendición encubierta. Sólo tienes que dar con ella. Este libro te acompaña y te ayuda a dar con esos tesoros.

Viví muchos años padeciendo un dolor grabado a fuego en mí, un dolor reprimido que salió a la luz a los 33 años. Desde ese momento entendí que si había sostenido todo este dolor yo sola, era porque mi tamaño como persona era muy grande. Así se ha comprobado, basta con observar los perfiles de personas a los que acompaño, los resultados que obtengo en consulta y los logros que consiguen mis clientes. Ten la certeza de que nuestra grandeza es directamente proporcional a la carga que podemos soportar.

TU DOLOR ES UNA BENDICIÓN, SIGNIFICA QUE ERES GRANDE. TU GRANDEZA ES DIRECTAMENTE PROPORCIONAL AL DOLOR QUE SOPORTAS.

Abre tus alas y vuela, pese a quien pese, destapa tus cicatrices y muéstralas, atrévete a salir de tu cueva protectora que has creado a causa de un dolor que ya pasó.

SAL DE LA INDEFENSIÓN APRENDIDA, NO ERES INDEFENSA, ERES UNA SUPERVIVIENTE Y ERES LISTA.

TIENES OPCIONES A TU ALREDEDOR Y PERSONAS QUE VELAN POR TUS INTERESES DISPUESTAS A APOYARTE. VE AHÍ FUERA Y ENCUÉNTRALAS!

Rompe tus cadenas y serás el ejemplo definitivo para que tus hijos y tus seres queridos las rompan y si no tienes familia de origen, crea una propia, hay muchas personas a las que puedes acompañar y dispuestas a acompañarte para construir algo bello. Deja un legado de verdad, una mente bien amueblada y un alma noble. Puliendo el diamante que eres ofreces el ejemplo a seguir para los que te rodean y te aman incondicionalmente.

Los daños del pasado te impedían evolucionar. Los daños emocionales se escondían en rincones mentales; las emociones no digeridas se disfrazaban de pensamientos negativos...hasta ahora.

Hoy has ganado la partida!

Estás a las puertas de tu estrellato, has practicado paso a paso los valiosos conocimientos que te enseño alcanzando conciencia al momento. Has sanado tu historia, eres reconocido, apreciado y valorado. Es un placer para mí haberte acompañado paso a paso en tu camino de re-valorización; ya ha llegado el momento de que la magia ocurra. Es tu vida, ofrécete salud integral a ti y a los tuyos incondicionalmente. Comparte este conocimiento con todos ellos, haced juntos los ejercicios. Sigue con los demás libros de la saga. Ayúdate a ti mismo y a los tuyos poniendo en práctica todas las herramientas que tienes a tu alcance. Tienes ante ti una profunda experiencia personal, los últimos avances en investigación científica y recursos valiosos para tu evolución.

Salgamos juntas y brillemos!

Se ha demostrado científicamente que el cerebro es plástico[7] y maleable.

Eso significa que tienes el poder de modificarlo a tu

---

7   BUENO, D. Cerebroflexia. Plataforma Editorial, 2016. Premio Europeo de Divulgación Científica 2010

conveniencia. El cerebro es un órgano de ayuda si sabemos utilizarlo bien, también de perjuicio si lo utilizamos mal. Felicitaciones! Tienes más que suficiente información para ser el controlador aéreo de tu proceso alquímico.

Eres el dueño y señor de tu cambio; en esta saga he recopilado para ti los mejores contenidos teórico-prácticos de trabajo mental que podrás encontrar jamás. Ya no tienes excusas.

...

La indefensión fue una invención de tu cerebro en el pasado, una mentira! Ven conmigo, rompamos a patadas la puerta de salida hacia la vida. Coge fuerza e impulso que nada nos para.

11. DE LA LIBERTAD A LA CONQUISTA. MANUAL PRÁCTICO DE PSICOLOGÍA DEL ÉXITO

Confío en ti, sé que has aprovechado plenamente este libro, has realizado sus ejercicios, lo has estudiado a fondo. Llegados a este punto te has dado cuenta de muchas cosas, de hecho ya conoces la puerta de salida de la cárcel mental llamada "indefensión aprendida". Pero no basta con salir, ahora viene lo mejor, es momento de encaminarte hacia tu sueño, tu meta o tu propósito de vida de verdad.

"El intelecto es el telón sobre el cual se proyecta esa luz del amor que es la inteligencia. El proyector reside en el corazón que tiene amor"

El ego se infla cuanto mayor es el sufrimiento que la persona soporta. Un ego inflado es síntoma de sufrimiento aunque también de poco trabajo personal realizado.

Tú ya no tienes excusas, acabas de leer un libro que te ofrece el conocimiento necesario para comprender qué te sucede bajo el "hechizo" de la indefensión aprendida; además tienes ejercicios prácticos para salir de una vez por todas.

Ahora bien,

La salida del infierno está bien porque te hace sentir mejor que dentro de las brasas. Pero, ¿No crees que es mucho mejor alcanzar tu deseada conquista?

Una cosa es el infierno, otra la salida y otra muy diferente es tu conquista. En este apartado tienes todo un proceso dedicado a la psicología del éxito que las mentes maestras ponen en marcha para llegar a sus sueños. Un manual de referencia paso a paso para, una vez bien trabajado el libro, puedes caminar desde la puerta de salida a tu meta o propósito.

1. Operativa de la Mente Maestra

Este proceso es una potente herramienta de transformación según tú mismo la aproveches. Te ayudará a tomar conciencia de dónde estás realmente, a ordenarte y a encaminarte, en la medida de tus capacidades, hacia tu camino al éxito, sea lo que represente éste para ti.

Hacer consciente algo desconocido es el primer e ineludible paso para su transformación, sólo cuando tienes el conocimiento de las cosas puedes cambiarlas. Mientras eres inconsciente vives sumido en un sueño, creyendo que estás despierto, sin saber que en realidad duermes. Tomar conciencia es ampliar tus conocimientos, tu información, comenzar a despertar y ampliar tus puntos de vista, esto te trae un mayor poder de influencia sobre las cosas y, por ende, sobre tu vida.

La base de tus resultados se fundamenta en tu conducta, que está determinada por tus emociones y éstas por tus pensamientos. Por lo tanto, la base de tu conducta tiene su origen en el parloteo mental. Así mismo, has de ser conocedor de que la conducta del ser humano está motivada únicamente por dos caminos, bien para conseguir un placer, bien para evitar un dolor.

La antesala al éxito no es ni más ni menos que un camino de elecciones y comportamientos acompañados por pensamientos y emociones. El mayor freno al éxito, en cualquiera de sus formas, es precisamente la segunda parte de esta ecuación: la conducta basada en evitar un dolor, patrón que lleva a cabo una persona que ha vivido sumida en la indefensión aprendida toda su vida. Es decir, se evita lo que no desea y se obvia lo que sí se desea.

Observa lo siguiente:

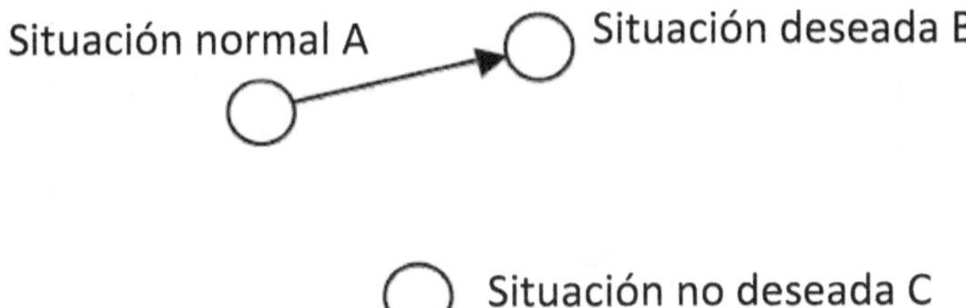

Por ejemplo, esta imagen representa el lugar en el que te encuentras A, así como el lugar deseado o meta B; C es el lugar en el que tienes miedo de acabar y deseas evitar. Por lo tanto, si tu deseo es conseguir B, lo más ergonómico es dirigirte ahí. Si bien es cierto que ese camino no será de rosas todo el tiempo, sí que será el camino al fin y al cabo.

Sin embargo, ¿Te has planteado qué papel tiene C en tu vida?

...

Si tu conducta se fundamenta en evitar un dolor, lo que consigues es lo siguiente:

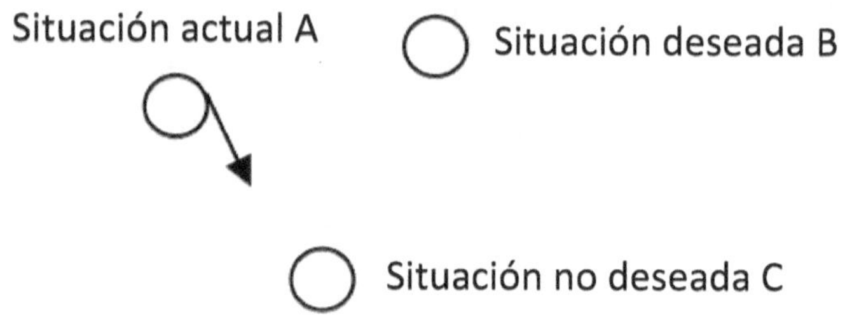

En primer lugar, te enfocas en lo que no quieres, precisamente para evitarlo.

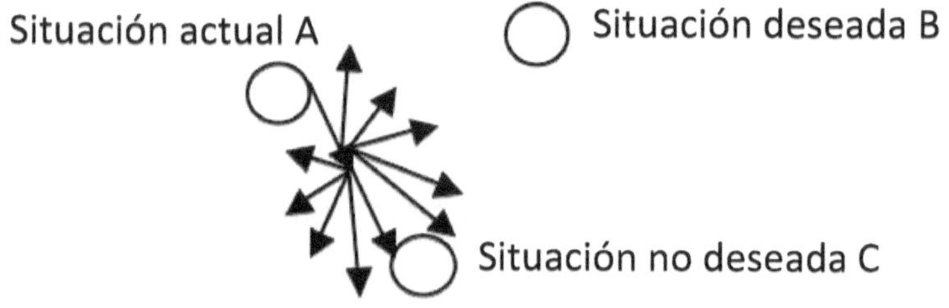

En segundo lugar, la acción de dirigirte a evitar un punto en vez de enfocarte en un punto, te lleva a diferentes situaciones, todas no deseadas y, entre ellas, la deseada. Siendo realistas, la probabilidad de llegar al punto deseado es muy escasa, ya no por las posibilidades, sino porque la pérdida de energía es tan grande, que necesitas descansar y esto provoca nuevas posibilidades. Incluso es posible volver al punto inicial. Se trata de un camino de frustración y de pérdida, un camino sin un norte claro.

Puedes hacer tu propia investigación al respecto.

Piensa en algunos objetivos que tuviste en el pasado. A continuación haz el siguiente ejercicio:

De algunas metas que has tenido a lo largo de tu vida, ¿cuáles has conseguido?

____

____

____

____

____

¿Cuáles no?

____

____

____

____

____

¿Qué circunstancias impidieron que las consiguieras? Agrúpalas por objetivos. Piensa bien la respuesta

____

____

____

____

____

¿Realmente fueron esas?

____

____

____

____

____

Has hecho algunos ejercicios similares a lo largo del libro pero ahora te encuentras en mejores condiciones para ver con mayor claridad lo que es objetivo de lo que no lo es. Puedes recurrir a esas páginas para refrescar lo que escribiste.

Ahora para y relájate, toma dos o tres respiraciones si hace falta y piensa haciendo un ejercicio de auto-honradez. Toma responsabilidad y conciencia antes de responder.

¿Crees que tuviste tú algún papel como sujeto en la NO consecución de tus objetivos?

____

____

____

"Yo entreno cuatro años para correr sólo 9 segundos, hay personas que por no ver resultados en 2 meses ya se rinden y lo dejan. A veces el fracaso se lo busca uno mismo"

Usain Bolt

La conducta provoca un resultado, la ausencia de conducta también. Bien sea por actividad, bien sea por pasividad y teniendo en cuenta esta información, en caso de que antes no la tuvieras. ¿Crees que tu conducta activa o pasiva tuvo algún papel en la NO consecución de tus objetivos?

____

____

¿Hay algo que quisieras evitar?, ¿Qué?

____

____

____

____

____

¿Sientes que eludiste alguna responsabilidad?, ¿Cuál?

____

____

____

____

____

¿Qué más podías haber hecho, o dejar de hacer, y no hiciste?

____

¿Tuviste en cuenta todos tus recursos?

Si algo no puedes hacerlo sólo, ¿buscas ayuda?

¿Pides ayuda cuando la necesitas?

¿Confías en los demás?

¿Y en ti mismo?

Anota tu estado emocional a lo largo de las preguntas anteriores. Si lo haces, podrás conocerte mejor y dar luz a diversos aspectos tuyos que viven en "sombra". Algunas de las preguntas pueden haberte hecho sentir incómodo, en cualquiera de sus formas, si eres consciente de ello, enhorabuena!, has comenzado a mirar con una perspectiva mayor. Si lo haces desde el no juicio, los resultados serán más fiables, recuerda que son para ti. Si has respondido conscientemente, habrá aparecido en tu mente información nueva y valiosa.

No es casual dirigir tu atención a la antesala del éxito o a la de la ausencia de él, lo que motiva esta dirección es el parloteo mental y la emoción que lo acompaña. El origen de dicho parloteo se encuentra en la parte más profunda de tu condicionamiento mental. Ya hemos visto algunos de los factores que influyen en dicho parloteo a lo largo de este libro. Éste se ve influido por tu educación, creencias y paradigmas, por tus experiencias vitales, por toda la información en él vertida desde tu nacimiento. Las creencias a las que decides obedecer son las causantes de tus decisiones, creencias limitantes que se orientan a lo que no deseas y creencias potenciadoras que se orientan a tu meta. Las primeras operan como freno y las segundas como trampolín. Ya lo sabes.

El ego o "yo" pequeñito es ese parloteo mental que te dice que no puedes hacer algo, que te faltan los recursos o la inteligencia necesaria. Es el que constantemente te pone límites y obstáculos, ya no porque aparezcan en tu vida, sino por cómo te enfrentas a ellos y los resuelves.

Este proceso es una herramienta para que puedas aumentar el poder de influencia que tienes sobre lo que más habría de importarte: tu vida. Se trata de un trabajo para que amplíes tu información, tus conocimientos y tu nivel de conciencia para hacerte responsable de tu propia vida. Pero no para salir del drama, sino para llegar a tu conquista.

Estate muy atento a lo que viene a continuación:

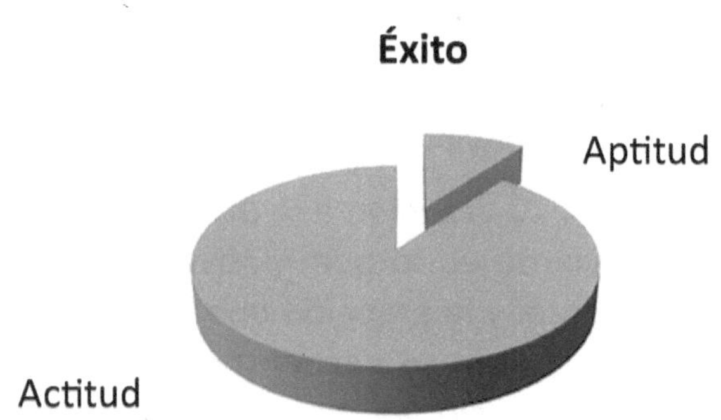

Lo primero, refresca en una frase qué es éxito para ti. Recuerda que el éxito es algo completamente subjetivo:

____

____

____

Independientemente de lo que sea el éxito para ti, la consecución o no del mismo dependerá de tu capacidad de tener y/o construir un "YO" adecuado. Numerosos premios extraordinarios de carrera y brillantes intelectuales han fracasado a causa de tener un "YO" en su contra. Entendiendo el "YO" como el conjunto de cualidades, actitudes, características, fortalezas, autoestima, autoliderazgo, resiliencia y psicología adecuadas para favorecer la consecución de tu éxito, tanto personal como profesional.

CUALQUIER PERSONA PUEDE FORMARSE INTELECTUALMENTE EN UNA DISCIPLINA O CAMPO PROFESIONAL, ES DECIR, PUEDE LLEGAR A SER APTO PARA ELLO. SIN EMBARGO, LA ACTITUD ES LO QUE DETERMINARÁ EL SALTO DEFINITIVO A SU ÉXITO O SU MÁS ESTREPITOSO FRENO EN EL CAMINO

Lee a continuación qué contiene cada uno de los conceptos:

APTITUD →FORMACIÓN, INTELECTUALIDAD, RACIOCINIO, MENTE MEMORÍSTICA, REPETICIÓN.

ACTITUD → FORMA DE SER, EMOCIONALIDAD, CREATIVIDAD, MENTE INCONSCIENTE, ENERGÍA.

La aptitud está vinculada al hemisferio izquierdo, a lo racional. Se trata de todo aquello que aprendiste desde niño, a los conocimientos, a lo que se supone que "debe ser"; a lo que se supone que "tienes que hacer". El hemisferio izquierdo es el normativo, el rígido, el de lo esperado y sistemático. Es memorístico.

La actitud está vinculada al hemisferio derecho, a lo emocional. Se trata de tus habilidades emocionales para contigo mismo, tus relaciones con los demás, tu capacidad de liderazgo, de sostén emocional en momentos complicados. Tus dotes de comunicación, de inteligencia emocional; tu mente creativa, lo que te ayuda a trascender. Tu capacidad de ver las cosas de diferente modo, el pensamiento lateral. La fuerza oculta que habita en ti.

Escribe a continuación cómo está cada una de esas áreas en tu vida. Éste es un libro de autoliderazgo y llegados a este punto ya estás preparado para sacar esas cosas que tienes dentro. Anota qué hay en ti de cada una:

MI FORMACIÓN –APTITUDES- (Estudios, cursos, hábitos, destrezas, práctica, etc.)

____

____

____

____

____

____

____

____

MI PSICOLOGÍA –ACTITUDES- (Formas de ser, cualidades del carácter, formas de reaccionar, comunicación, relaciones con los demás, etc.)

____

____

____

____

____

____

____

Ahora bien, ya tienes más claro qué área dominas más. Recuerda que sólo estás ampliando tus niveles de autoconocimiento. No tienes que juzgarte, sólo hacer un ejercicio de honestidad.

La importancia de que haya armonía entre ambos conceptos es fundamental.

¿Te imaginas cómo sería un abogado sin empatía o un arquitecto sin imaginación?

...

2. Triangulación del Éxito

Nadie es perfecto pero puedes ayudarte a ti mismo conociendo el modo de triangular el éxito para que éste pueda manifestarse antes en tu vida. La fórmula es la siguiente:

TRIANGULACIÓN DEL ÉXITO

COHERENCIA // MENTE +CORAZÓN +ACCIÓN

La fundamentación del éxito se basa en la coherencia entre lo que piensas, lo que sientes y lo que haces. La no coherencia entre estos aspectos lleva al fracaso absoluto.

Cada una de ellas posee diferentes aspectos de la persona:

MENTE → PENSAMIENTOS, CREENCIAS LIMITANTES Y POTENCIADORAS, PARADIGMAS, JUICIOS, PREJUICIOS&

CORAZÓN→EMOCIONES, POTENCIADORAS Y LIMITANTES, SENTIMIENTOS...

ACCIÓN → SOMÁTICA CORPORAL, EJECUCIÓN DE LA CONDUCTA, ENERGÍA...

Ten en cuenta que las emociones y los sentimientos son algo diferente. Las emociones son más superficiales, se sienten en el cuerpo cuando piensas sobre algo, por ejemplo: estómago removido cuando sientes nervios, presión en el pecho cuando sientes miedo, hormigueo en el estómago cuando sientes alegría. Sin embargo, los sentimientos son algo mucho más profundo. Se llevan por debajo de las emociones y te suelen acompañar durante más tiempo.

Veamos el estado en el que está tu corazón con respecto a tu objetivo:

Piensa en tu objetivo, ponte la mano en el corazón. ¿Qué sientes al respecto?

____

____

____

____

Cuando vas a ponerte manos a la obra, ¿Qué te dices sobre él?, ¿Qué tipos de pensamientos tienes?

____

____

____

____

¿Qué haces al respecto?

____

____

____

____

____

¿Actúas en línea con tu objetivo?

____

____

____

____

Ahora reflexiona sobre lo que escribiste. Déjate sentir…

Una vez que hayas tomado conciencia, es momento de distanciarte. Ahora imagínate que otra persona externa a ti tiene el mismo objetivo, meta o propósito que tú. Cierra los ojos e imagínate la situación. Abstráete de ti mismo y olvídate de ti. Mira únicamente a la persona con el objetivo y después pregúntate:

¿Qué sería pensar, sentir y actuar en línea con ese objetivo?, ¿Qué tendría que pensar, sentir y hacer esa persona para conseguirlo?, ¿Cuál es su óptima coherencia?

PENSAR_______________________________

____

SENTIR_______________________________

____

ACTUAR

Una vez lo tengas completo, gírate hacia ti misma y dite la verdad. ¿Pongo esto en práctica desde mi mente, mi corazón y mi acción?

...

Saber las cosas no implica hacerlas. Una cosa es conocer qué has de hacer y otra muy diferente hacerlo. Sé honesta contigo misma y abandona la idea de que "ya lo sabes" en el caso de que no hayas conseguido tus metas. Saber algo cognitivamente no tiene nada que ver con tenerlo integrado en cada célula del cuerpo. La base de la coherencia pensar, sentir, actuar es requisito sine qua non para la materialización de metas.

¿De qué te sirve conocer todas las teorías si a la hora de ponerlas en práctica una emoción te limita, te bloquea y dejas que te impida realizarla?

Déjame que te diga que de nada te sirve. Por eso es tan importante conocerte a fondo y trabajar en ti. Sanar las emociones que se hayan anclado en tu cuerpo a raíz de tus vivencias, limpiarte a fondo de todo elemento tóxico. Aprovecha cada rincón de esta saga porque es una oportunidad que tienes para ello. Tienes ejercicios más que suficientes para poder sanar, ordenar y limpiar todo aquello que sea necesario.

Por más que hagas, si no has sanado los anclajes emocionales, las acciones se convierten en fallidas, caen en un pozo vacío. Ten en cuenta que tu mente lo primero que hace es protegerte de lo desconocido, aunque esto sea bueno para ti. Lo primero es sanar los filtros perceptivos y tomar conciencia de las emociones raíz que hay detrás. A continuación, actuar desde esa limpieza de movimientos.

Cuando no se ha realizado este proceso previo y la persona ha puesto de su parte, cree que ha hecho lo correcto o, al menos, todo lo que tenía que hacer, pero no se ha conseguido el objetivo deseado, aparece un engaño en la mente: "hay que hacer más, no es suficiente". La mente cognitiva comienza a cortocircuitar y a presionarte para que busques nuevas opciones de acción. No obstante, aquí se desechan otras posibilidades, como, por ejemplo: dejar de hacer o hacer "hacia dentro".

Hacer hacia fuera es todo aquello que haces de la piel hacia fuera y hacer hacia dentro de todo aquello que haces de la piel hacia dentro. El trabajo mental es el más importante de todos. Estar bien colocado en tu mente es la base del éxito. Y gran parte de este proceso consiste en ver lo que no quieres ver y sanar lo que has de limpiar. Dejar de hacer lo incorrecto es la variable que más te acerca a tu objetivo y es algo que puedes hacer cuando tienes la sabiduría y el autoconocimiento suficiente como para saber qué estás haciendo que no te beneficia. Las acciones tienen que ir encaminadas a un objetivo claro. Seguramente te hayas parado a pensar en qué medida tus acciones te conducen a una situación deseada pero, ¿Te has parado a pensar qué acciones, pensamientos y sentimientos te alejan de tu situación deseada?

...

¿Recuerdas el Plan que esbozaste en capítulos anteriores para salir de la indefensión aprendida?

Ahora es momento de utilizarlo para crear el camino hacia tu auténtica meta. Observando qué acciones te llevan directamente a tu lugar deseado. Por lo pronto desarrolla tu plan de acción desmenuzando tu objetivo en acciones concretas más pequeñitas que sabes que te conducirán a él. A continuación escribe 10 acciones que te llevan a conseguirlo:

1.

2.

3.

4.

5.

6.

7.

8.

9.

10.

Recuerda que estas acciones pueden ser tangibles e intangibles, de piel hacia fuera y de piel hacia dentro. Por ejemplo, una puede ser hacer una llamada telefónica y otra meditar o visualizar. Ponles hora y fecha a cada una de esas acciones, establece tu rutina de acción. A continuación vuelve a tu mapa de acción y escríbelas secuencialmente. Después realízalas!

3. Autopercepción, Autoestima y Autoimagen

En este punto debes conocer y saber diferenciar tres conceptos: tu autopercepción, tu autoestima y tu autoimagen.

La autopercepción es la forma en la que te percibes a ti mismo en base a tus emociones. De qué manera te ves a ti mismo, cual es el modo que tienes de mirarte.

La autoestima es el grado de valoración que haces de ti mismo, de tu persona. Está determinado por las cosas que consideras valiosas o no. Y, dependiendo de si las tienes o no, te valorarás más o menos.

La autoimagen es la fotografía mental que tienes de ti mismo.

La primera está determinada por los filtros mentales y creencias que tienes de ti. La segunda también pero le incluyes la sensación de valía, tus capacidades para conseguir algo. Con respecto a la tercera, es más algo fotográfico, icónico, como un flash o impacto.

Los tres conceptos hablan de cómo te ves pero no necesariamente de lo que eres de verdad. No significa que seas del modo en que te ves, de hecho, difícilmente son coincidentes la realidad con la "auto-percepción de la realidad". De hecho la propia realidad de poco te sirve, porque las decisiones que tomas sobre ti mismo se basan en tu auto-percepción, no en la verdad, sino en lo que crees de la verdad.

Ahora bien, lo que más debe importarte es que, independientemente de cómo sea tu realidad, tu valor es el mismo siempre. La autoestima fluctúa según valoramos nuestras cualidades, la ausencia o no de cosas que consideramos valiosas y el nivel de cada capacidad que, consideramos, debemos poseer para tener valor y sentirnos respetados.

Lo que acabas de leer es una de las lecciones más importantes del apartado, incluso del libro y de la trilogía al completo. Tu valor es el mismo, independientemente de tus cualidades, tus capacidades, tus éxitos y fracasos. Jamás olvides esto:

TÚ, TANTO COMO CUALQUIER OTRO EN EL UNIVERSO, MERECES TU AMOR Y TU AFECTO

TU VALOR ES INTRÍNSECO A TI MISMO Y LO TIENES POR SER QUIEN ERES, POR SER TÚ. NO POR NADA EXTERNO, POR NADA QUE HAYAS CONSEGUIDO, NI SI QUIERA NADIE TIENE LA CAPACIDAD DE MEDIRLO, MUCHO MENOS LA VERDAD SOBRE TU VALÍA

Al fin y al cabo, la autoestima es otro constructo del ego y, aunque es necesaria para crecer y salir adelante, tú mismo puedes ayudarte a elevarla sabiendo hasta tu última célula que tu valor es intrínseco a ti por haber nacido y estar vivo, punto redondo.

Quiero que te mires al espejo, que vayas ahora mismo y te mires a los ojos. Quiero que te veas en profundidad, que sostengas la mirada. Permítete verte de verdad. Sostén cualquier emoción que aparezca, permítela existir, salir, hacer acto de presencia.

Ser libre es ser capaz de conectar con las emociones que habitan en ti, darles su valor y lugar. Todas tienen sentido y espacio, son merecedoras de estar si así les corresponde, además, te dan información valiosa sobre ti mismo, sobre lo que sientes ante acontecimientos y personas.

No existen emociones malas ni buenas, sólo agradables y desagradables.

Mírate al espejo y observa lo que sientes, emociones que emergen. Diles hola, respíralas. Hazlas tuyas.

Aceptar lo que eres y sientes te conecta con tu sensación de valía y ésta es directamente proporcional a tu nivel de autoestima.

Ahora bien, dentro de tu forma de percibirte existe una variable determinante: tu relación con el mundo. La comparación es una acción presente en los tres mecanismos, bien sea con el entorno, con un cliché o con otra persona. En cada proceso forma parte un referente externo con el cual te relacionas de algún modo. En el primero la comparación se da con el entorno, en la autoestima y la autoimagen, generalmente se produce por comparativa a otro sujeto o a ti mismo en diferentes momentos vitales.

No importa la realidad de la persona, más bien cómo ésta la vive. Al igual que los hechos son neutros en sí, lo relevante es la interpretación que el sujeto hace de ellos. Por ello, deja de entrar en discusiones, no tienes en cuenta de qué manera estás influyendo con tus proyecciones.

Una cosa es como tú actúas, otra como tú te ves, otra cómo crees que te ven los demás, otra muy diferente como te ven realmente los demás y otra muy distinta cómo eres de verdad. Como ves, hay cinco focos perceptivos. No es suficiente decir, soy así y punto. Si realmente deseas conseguir una meta y objetivo y no la tienes, es porque todavía no tienes el "YO" que te hará conseguirla. Es decir, las cualidades, habilidades, estrategias y formas de ser que te facilitan el camino hacia dicho objetivo. Para que te sea más sencillo de digerir, el "YO" es la suma de las dos partes del gráfico correspondiente al éxito: la psicología y la técnica, la aptitud y la actitud.

Como ejemplo, puedes contextualizarlo imaginando que alguien desea ser conferenciante, pero le da pánico hablar en público. Cada vez que sale al escenario le sudan las manos y le tiemblan las piernas. Se trata de una persona que posee un anclaje negativo que le impide desarrollarse como profesional en el área que desea. Su "Yo" actual está haciendo de barrera, por lo tanto tendrá que trabajar en un "Yo" nuevo para poder desarrollarse de manera saludable.

Ahora bien, puedes estar pensando que no sabes cuál es el "yo" que necesitas conocer más de ti. Recuerda que la vida es un viaje de autoconocimiento interior, que vas a vivir situaciones que saquen de ti un yo que ni esperabas, que te sorprenda para bien o para mal.

Conocerse uno mismo es necesario para perfilarse; conocer lo que tú deseas es fundamental para construir un "yo" que te acerque ahí.

El autoconocimiento es una carrera de por vida y este libro es un buen comienzo para ello. Aprovéchalo bien, haz los ejercicios y aplica cada técnica.

Realizando concienzudamente los ejercicios habrás podido tomar conciencia de algunas áreas que necesitan reforzarse para alinearte con determinadas metas.

Quiero enseñarte algo: TU VENTANA PERSONAL.

Vas a realizar un recorrido que te ayudará a que te conozcas un poco más, de este modo puedes ayudarte mejor.

El ser humano es un sistema complejo, al igual, la mente humana es todo un laberinto de información. La conciencia te permite conocer parte de lo que tienes en la mente pero tu inconsciente de impide el acceso a la información que atesora en sus profundidades. En tu ventana personal se conjugan áreas conscientes e inconscientes, partes visibles e invisibles para ti sobre ti mismo.

En cada ser humano existen diferentes PARTES DEL YO que se muestran a continuación:

YO LIBRE	YO CIEGO
YO SECRETO	YO OCULTO

El "Yo Libre" es aquella parte de ti que conoces bien, además es la parte que muestras, que enseñas y que permites que sea. Es la medida en la que te permites ser libre, teniendo en cuenta a los demás y a ti mismo y dándote licencia para expresar tus auténticos sentimientos. Es tu parte consciente, con la que estás familiarizado. La conoces muy bien y tienes dominio sobre ella.

El "Yo Ciego" es aquella parte de ti que tú no ves pero que los demás sí que ven. Es lo que no sabes que estás mostrando, lo desconoces porque lo muestras de un modo inconsciente. No tienes dominio sobre ello, en cambio los demás lo están viendo claramente. Además, suele ser motivo de confrontación cuando escuchas a otra persona hablar sobre esa parte tuya ciega. Precisamente te enfadas porque es una parte tuya negada que no quieres ver, apareciendo la ira por delante cuando alguien te hace de espejo ante dicha área de tu personalidad. También has de saber que es una parte vulnerable, pues no es reconocida ni controlada por ti.

El "Yo Secreto" es aquella parte de tu personalidad que conoces bien pero que, precisamente por ello, la escondes. Es esa área que reprimes porque consideras que no te beneficia mostrar en alguna situación o contexto. Es un aspecto conocido de tu personalidad que piensas que has de ocultar. Tienes dominio sobre ello, por eso eres capaz de ocultarlo y contenerlo. Fíjate, por ejemplo, en lo que callas en una entrevista de trabajo o cuando conoces a un chico nuevo; en una conversación con alguien que te acaban de presentar, con tus compañeros de trabajo o, incluso, en una simple conversación con amigos.

¿Qué información ocultas y para qué lo haces?

...

____

____

____

La sombra del inconsciente aparece en todo aquello que escondes, en lo reprimido. Tienes mucho que saber de ti, cosas que tienes delante y que ves pero en las que no reparas. En tu sombra se esconde el oro, aquello que te puede hacer brillar como nadie. Sumergirse en ella no es fácil, nada tiene de sencillo, duele, molesta, enfada. Pero ése es el camino del guerrero, si te sientes mal, es que estás adentrándote en tus tinieblas.

Bienvenido a tu despegue!

Por último, el "Yo Oculto" es una zona desconocida, tanto para ti como para los demás. Es una zona inconsciente y tan profunda que no tiene alcance a ningún sujeto. Ésta, junto con tu yo ciego, conforman tu área inconsciente. En cambio, tu yo libre, junto con tu yo secreto conforman tu área consciente.

A continuación puedes descubrir cuál es tu propia ventana personal, te ayudará a conocerte más a fondo y, por ende, a manejarte de manera más consciente en tu vida. En primer lugar, responde a las siguientes preguntas con una cifra numérica. Has de hacerlo honestamente, no vale hacer una media, es una respuesta sentida. Tienes que hacerlo de manera consciente para que el resultado sea lo más cercano a la realidad:

¿En qué medida de cero a cien te importa lo que piensen los demás de tí?

____

¿En qué medida de cero a cien te das licencia para decir lo que sientes?

____

Tómate tu tiempo, por favor. Hazlo por ti. No continúes hasta que sientas que escribiste las respuestas que se ajustan a tu realidad interior.

Una vez respondidas de manera sentida ambas preguntas, elaborarás un cuadrado, tomando el eje de abscisas derecho y el de ordenadas inferior como referencia cero-cien. Mira la figura que tienes a continuación:

En el eje horizontal marcarás el valor de la primera pregunta y en el eje vertical el de la segunda. Así mismo, a continuación extenderás dichas rayas por paralelas, la del eje horizontal se convertirá en la raya vertical de la cruz y la del eje vertical en la raya horizontal de la misma, estableciendo así la matriz de tu ventana.

Ejemplo de alguien cuyas respuestas fueron 70% para la pregunta "¿En qué medida de cero a cien me importa lo que piensen los demás de mí?" Y 35% para la pregunta "¿En qué medida de cero a cien me doy licencia para decir lo que siento?"

Ahora mira tu propia ventana personal y date cuenta del perímetro que ocupa cada área de cada "Yo" en tu vida. Compara tu yo libre frente a los demás. Toma conciencia de tu "Yo ciego" así como de tu "Yo secreto".

Somos seres humanos viviendo una vida filtrada por el prisma de esos "yoes". Nuestra labor es aprender y trascender cada etapa. En tu vida tienes el poder y la capacidad de ir puliendo esa ventana. La herramienta que necesitas es ir tomando conciencia de ello a base de elevar tus niveles de conciencia.

4. Niveles de Conciencia

Los niveles de conciencia son los escalones a través de los cuales vas creciendo en tu subida al despertar o sabiduría interior.

Esa escalera es una subida a la cima del éxito, pero no un éxito lleno de adrenalina y de subidón, sino un éxito pausado, maduro, con paz interior.

Veamos cuáles son esos escalones en el camino a tu despertar consciente. Ten en cuenta que el nivel más bajo de esta escalera es vivir en un nivel de victimismo. Éste es el escalafón más bajo de todos. De hecho aquí se encuentra la mayor parte de las personas del planeta. No es un lugar muy agradable pero sí que es un lugar cómodo.

El victimismo es una posición que entronca con la postura del desempoderamiento. Si te encuentras en un estado de victimismo tus creencias son similares estas:

-La vida pasa delante de mí.

-No tengo poder sobre mi vida.

-Soy víctima de las circunstancias.

-Haga lo que haga nada cambiará.

-De mí no depende que mi vida cambie.

-Hay personas poderosas que deciden por mí.

-No importa lo que yo siento, mejor no hago nada.

-Rezaré y meditaré a ver si algo cambia.

¿Hay algún pensamiento con el que te sientas identificado?

———————————————————————————

———————————————————————————

Un estado de victimismo te lleva a un estado de pérdida absoluta, desamparo y abnegación. En un estado de victimismo vive una persona que está sumergida en estado de indefensión aprendida. De hecho cada página de este libro te va llevando a unos niveles de conciencia mayores. Sacándote del victimismo y conduciéndote a otro lugar más agradable.

El segundo nivel de conciencia se llama nivel de empoderamiento. Aquí ya no eres víctima de las circunstancias, al menos, no te sientes así. Eres capaz de darte cuenta de las cosas y actuar en consecuencia. No esperas que la vida te traiga lo que quieres, vas a por ello y punto.

Las creencias mentales de una persona que vive en un estado de empoderamiento son:

-Soy dueño de mi vida.

-Tengo la capacidad de cambiar mis circunstancias.

-Soy responsable de lo que me sucede.

-El poder está dentro de mí y lo pongo en práctica.

-Puedo decidir actuar cómo y cuando quiera.

-Soy el conductor de mi destino.

-Actúo en línea con mis propósitos.

-Soy merecedor de mis sueños y camino en esa dirección.

Como ves, el estado de conciencia de empoderamiento es muy diferente al de victimismo. No sólo porque los paradigmas sean diferentes, sino porque existe una diferencia fundamental: la acción.

La persona que siente poder actúa, la que vive en un estado de victimismo no hace nada.

Ésta es la clave de la materialización. Ahora seguro comprenderás por qué unas personas consiguen lo que quieren y otras no lo consiguen.

Cuando sabes lo que mereces vas a por ello, cuando no estás seguro de merecerlo preguntas a los demás si les parece bien que vayas.

¿Ves la diferencia?

...

Vayamos caminando juntos en esta escalera del poder personal. La base de todo es la psicología que subyace cada estado y, conforme vas aprendiendo cosas en la vida, esos escalones se van trascendiendo. Date cuenta de que sólo creces cuando realizas un correcto aprendizaje emocional. No se trata de una aprendizaje como el que estudia historia en el colegio, sino un aprendizaje integrativo, lleno de sabiduría emocional y conciencia interior.

De hecho la vida seguirá poniéndote la misma piedra delante hasta que aprendas lo que tienes destinado aprender. Una vez lo hayas hecho puedes seguir caminando con nuevas experiencias. Tranquilo, la vida se encargará de ponértelas delante.

...

Llegados a este punto, es momento de alcanzar el tercer estado de conciencia denominado estado de "despertar". Llamado de este modo porque se asienta en un estado de sabiduría interior propia de las persona casi "iluminadas". Considera casi porque todo ser humano que habita la tierra posee ego y el estado de iluminación se caracteriza por la ausencia de éste. Por mucho que hayas oído y leído, tómalo con cautela, nadie se ilumina del día la noche salvo que lleve muchos años trabajando a nivel interior y momentáneamente alcance este estado, que no permanentemente.

El estado de despertar es alcanzado por personas con fuerte background emocional. Las creencias que posee una persona en este estado son las siguientes:

-Todo está bien tal y como es.

-Todo lo que me sucede me lleva a donde quiero llegar.

-Todo es perfecto.

-Aunque no lo comprenda sé que está bien.

-La vida sucede para mí.

-Tomo todo lo que me sucede en la vida con amor.

-Nada es permanente.

-La auténtica verdad es la consciencia del aquí y ahora.

La persona que disfruta de un estado de despertar vive en emociones de alto calibre emocional, tales como el amor, la alegría y la dicha. Independientemente del suceso que vivan, pueden desapegarse del dolor. Ese desapego también se pone de manifiesto en otros contextos como en las relaciones personales y con respecto a las cosas materiales.

La persona que tiene metas o deseos en un estado de despertar añade una variable nueva: la fe absoluta.

Si en el estado de victimismo prima la pasividad y en el de empoderamiento la acción, en este estado prima la presencia. Entendida ésta como la expresión de la presencia "Yo soy" a cada momento. Hay paciencia infinita y confianza porque la persona tiene la creencia de base de que todo lo que sucede llega para acercarle a su propósito. No hay cuestionamiento alguno, se tiene la CERTEZA de que algo es tal cual.

No significa que un nivel sea mejor a otro, míralo de manera objetiva. Cada nivel posee unas características, unas creencias y unas consecuencias en base a las conductas dirigidas por cada estado de la conciencia.

Una vez llegado a este punto es necesario parar y hacer unas respiraciones profundas.

...

Toma conciencia de qué sientes al respecto. El mayor ejercicio que vas a realizar a lo largo del libro y de la trilogía es el de honestidad contigo mismo. El trabajo del "YO" y la integración de todos tus aprendizajes vitales en tus niveles de conciencia son indispensables para pasar del punto A, donde te encuentras ahora, al punto B, el punto deseado, de la ecuación.

Tu palanca de Arquímedes es estar colocado en el lugar que debes estar. Es lo que moverá tu vida hacia el lugar que deseas; esa palanca la mueves tú para, desde ahí, hacer cambios. Lo importante en este lugar no es la acción en sí, sino la energía vital que posees en ese lugar, la fuerza y el poder que tienes para ello.

Cuando una persona está posicionada donde debe estar, no hay nada imposible para ella. Es poder y presencia.

Recuerda el ejercicio que hiciste de la carita y tu área vital. La palanca de Arquímedes es tu centro vital, el punto central de esa área.

Vuelve al ejercicio si te hiciera falta. A estas alturas de la lectura seguro que algo ha cambiado para bien, así que responde de nuevo a las preguntas:

¿Cómo te sientes con respecto a tu propia vida?

____

____

¿Qué pensamientos ocupan tu mente la mayor parte del día?

____

____

¿A qué tareas dedicas la mayor parte de tu día?

____

____

¿Te sientes espectador o actor de tu vida?

____

____

¿Sientes que posees poder o capacidad de decisión?, ¿Cuál?, ¿la ejerces?, ¿Cómo?

____

____

____

____

____

¿Qué más puedes hacer?, ¿Cuándo lo vas a hacer? Pon fecha y hora y hazlo!

____

____

____

____

____

5. La influencia del "Yo Soy"

Lo primero que necesitas es conocerte bien a ti mismo, saber quién eres. Sólo así podrás convertirte en tu mejor versión.

Imagina que tienes un Porsche en la puerta de casa, sin embargo no sabes conducir. ¿Qué es ese Porsche? Chatarra.

Contigo mismo pasa igual, de nada sirve querer algo y luchar, patalear o quejarse porque no lo tienes. Lo primero que tendrás que hacer es conocerte bien para conducirte allá donde quieras, igual que a tu Porsche.

En este aprendizaje y descubrimiento conoces muchos

aspectos tuyos. Por ejemplo, ya sabes que tienes un "yo libre", un "yo ciego", un "yo secreto" y un "yo oculto". El "yo libre y el secreto" los conoces bien, pero el "yo ciego y el oculto" no. El CIEGO es fundamental, forma parte de tu área inconsciente, además, de tu "Yo saboteador", aquél que posee emociones y creencias limitantes que operan en ti por debajo de la conciencia. Cuanto mejor te conoces, mejor te puedes conducir a ti mismo.

Despierta el SER que hay en ti

El SER ilimitado se encuentra dentro de todos y cada uno de nosotros, se trata de la suma de todas las posibilidades y potencialidades que somos, sin límites ni patrones estrictos, sin castraciones de ningún tipo. Vivir desde el SER es vivir desde la experiencia, no desde la creencia. Permitiéndote ser lo que necesitas en cada momento para tu propio crecimiento, desidentificándote de tus propios papeles, emociones tóxicas y creencias rígidas que lo único que hacen es encarcelarte entre unos barrotes ilusorios que te hacen sentir una falsa seguridad mientras caes en un profundo sentimiento de desilusión por la vida.

La presencia vive en el presente, estable, plenamente arraigada en su energía, eres un ser poderoso que un día olvidó sus capacidades a causa de una educación estricta y una programación mental represora de libertad. Los efectos secundarios son un descenso de creatividad y de pensamiento lateral, lo cual no implica que no puedas desarrollarlos, muy al contrario, puedes hacerlo mediante la puesta en marcha y realización de los ejercicios y contenidos de esta saga. Los tres libros son un regalo que he preparado para tu bienestar.

En este manual práctico de psicología del éxito que he introducido al final de este libro trato de ayudarte a recuperar tu esencia para, de estar bien, llegar a vivir esa meta extraordinaria.

Recuerda que la mayor parte de personas viven intentando salir a flote constantemente, como en modo supervivencia. De hecho, gran parte de este libro consiste en ayudarte a encontrar la salida del drama de la indefensión aprendida para soltar ese lastre que te ha acompañado y que ya es hora de dejar ir para que tu vida despegue.

Después de trascender esa indefensión es cuando comienza lo bueno, una vida repleta de aventuras que están por venir y de metas por conseguir.

Tu meta no es salir de la impotencia aprendida, tu meta es tu expansión. Sólo con salir de la indefensión se consigue paz pero no realización. Ésta es otra cosa y viene después de soltar ese lastre.

¿Te has preguntado alguna vez por qué no tienes lo que deseas?

No es por tu pasado, ni por tu familia, ni por tus vivencias, ni por tu dinero, ni por tu lugar de residencia. Es por ti, ni más ni menos, es porque no te das licencia para sacar los recursos que tienes dentro y las agallas necesarias para luchar por tu propia vida. El "modo indefensión" te enseñó a estar a expensas de otros, a depender de otros, a pedir opinión a otros, a preguntar si les parece bien a otros y a impedirte brillar si a otros les parece mal.

¿Crees que con ese "Yo" puedes llegar muy lejos?

...

Yo creo que no.

Seguramente ahora entiendes mejor a qué me refiero cuando te hablo de la importancia de tener un "Yo" adecuado que te ayude a conseguir tus metas.

¿Qué crees, que ese "Yo" de la indefensión es verdadero?

...

De ninguna manera, sólo es un "yo" con el que te identificas. Un día fuiste víctima, se validó y, a partir de ahí, continuaste tu proceso de racionalización del personaje. Todo un conjunto de paradigmas construidos a raíz de un acontecimiento y alimentados a lo largo de años. Así se genera un personaje, así has construido la historia de tu vida. Según el drama que te quieras contar, así crecerá un "Yo" disfuncional para tus verdaderas pretensiones.

Ese que un día te ayudó a que los demás te hicieran caso y te diesen atenciones, hoy te bloquee el paso del éxito meteórico.

El mayor miedo del ser humano es dejar de ser el personaje con el que se identifica. Una absoluta locura, pues el ser humano es conciencia pura; todo lo demás son programas aprendidos y validados por ti junto a tu entorno. La próxima vez que te apetezca sentirte víctima piénsalo dos veces, seguro que obtienes grandes atenciones pero la verdad es que estás cavando tu propia tumba.

Eres grande, un ser infinito. Hay una frase que me gusta repetirte para que la grabes en tu mente para siempre:

"EL DOLOR QUE SOPORTA UN SER HUMANO ES DIRECTAMENTE PROPORCIONAL AL TAMAÑO DE SU ESPÍRITU"

Ana de Juan

La tienes al inicio de cada libro, vuélvela a leer y a estudiar, intégrala. De nada sirve hacerte pequeño para que otros se sientan bien, menos todavía para que tú te sientas bien mientras otros se compadecen de ti. Tu alma es grande, recuerda lo que has aprendido a raíz de cada herida. Mira tus cicatrices., venéralas, diles lo bellas que son y admira qué tienen que decirte, qué te enseñan.

Éste es el paso principal para atravesar la frontera de la indefensión al despegue: salir del modo víctima, por descontado. Vivir en modo empoderamiento para actuar sin miedo y estar bien despierto para ver lo que tienes delante a cada momento.

El "Yo" víctima quedó obsoleto, despídelo. Vayamos a por el "Yo" empoderado.

En próximas líneas realizamos un profundo trabajo del "Yo" para encaminarte a alcanzar tu sueño. Para que vayas abriendo boca has de integrar algo:

El "YO SOY" es la parte más pura del SER humano, es decir, el yo libre de toda etiqueta.

¿Te has preguntado alguna vez quién necesitas ser o dejar de ser para cumplir tu sueño?, es decir, ¿Qué etiquetas te están ayudando en tu camino al éxito y cuáles frenan tu progreso?

...

____

____

____

____

____

6. De tu Autopercepción a tu "Yo Soy"

Para situar cuál es tu autoconcepto, vamos a realizar un ejercicio de escritura automática. Sólo has de escribir sin parar todo lo que para ti "eres" o "no eres".

Recuerda que la escritura ha de ser rápida, sin pensar, simplemente escribiendo lo que te sale de la mente sin cuestionarlo porque así funcionan las creencias y paradigmas, no se cuestionan.

En este caso, hablamos de un "yo soy", "yo no soy" en minúscula, dejando mayúsculas al SER o YO SOY auténtico, aquél libre de corsés. El ejercicio es sencillo, simplemente tienes que escribir lo que dice tu mente a continuación.

Yo Soy

Yo No Soy

Todo lo que has escrito son creencias que tienes acerca de ti. Pon un círculo a las potenciadoras y un asterisco a las limitantes. Así podrás valorar qué pesa más en tu autoconcepto y realizar un diagnóstico sobre tu forma de percibirte.

Al realizar este ejercicio te das cuenta de grandes tesoros, por ejemplo de que cuando dices de ti que no eres algo, de manera inconsciente te lo estás prohibiendo. También habrás observado cómo se siente tu cuerpo en la lectura de cada apartado, con lo cual puedes detectar tu nivel de apego a las creencias que tienes sobre ti.

¿Cómo te sientes en este momento?

...

Las emociones indican por dónde se mueven tus paradigmas. Te sientas bien o mal sobre lo que escribiste, recuerda que eso que pusiste sólo son creencias sobre ti, no la realidad. Lo que has escrito es el identificador del ego, es decir, cualidades con las que tu ego se identifica o no. Puedes seguir escuchándole o comenzar a ver más allá del personaje que un día creaste. Decía Einstein:

"Es más fácil desintegrar un átomo que una creencia"

No luchemos contra las creencias con las que te identificas, comencemos a dar coba al ser infinito que habita en ti. A veces la victoria es precedida por el abandono de la lucha.

Seamos prácticos. Escribe qué cualidades de las que sí tienes te facilitan el camino hacia tu éxito. Escribe cuál/cuáles y de qué manera:

Ya sabes que, aunque sean positivas, también son cualidades con las que te identificas y que refuerzas al confirmarlas con tu conducta. Aprovéchate de ello!

Ahora bien, más allá de todas ellas, potenciadoras y limitantes, es hora de que te preguntes cuál es tu molde perfecto para conseguir tus metas. En esta ocasión vas a escribir el modelo ideal del "yo" que necesitas para conseguir tu meta o propósito.

Es hora de definir cuál es tu caballo ganador.

No lo vas a hacer sin antes sentarte cómodamente en un lugar para hacer un pequeño ejercicio de relajación y de respiración.

En primer lugar, reposa suavemente e inicia una respiración pausada mientras conscientemente te permites a ti misma ir soltando cualquier creencia o pensamiento que aparezca por tu mente.

...

Deja ir, respira en profundidad, entra en contacto con tu cuerpo, abre cada poro de tu piel, navega por tu interior. Siente cómo sueltas todo control mientras dejar ir el aire que te sobra.

...

Conecta con la vida, conecta con el aquí y ahora, vive el presente, suelta, dejar ir, ábrete a todas las posibilidades del cosmos. El camino hacia tu propósito no es único, posee infinitas posibilidades.

...

Olvídate de pensar en ese recorrido, esto sólo es para que te sientas tranquila y confiada. Tu único objetivo ahora es centrarte en ti misma, en tu respiración y en tu espacio interior.

...

Ve conectando poco a poco con tu SER infinito que habita en ti. Deja la mente tranquila, sólo siente tu cuerpo.

Tu única misión hora mismo es que te dejes ir, sueltes todo control y conectes con tu "Yo Soy", el de verdad, el que te conduce a tu meta y te facilita el camino. No es un ejercicio mental, sino corporal.

...

Vívelo, conecta contigo mismo viviendo y sintiendo tu meta cumplida, en cuerpo y alma. Disfruta del sentimiento, de la emoción del momento. Vívelo desde ti, desde dentro de tu SER. Siéntelo!

...

Sigue ahí durante todo el tiempo que desees y necesites. Profundiza y deléitate...

...

Cuando lo sientas, poco a poco vas a ir volviendo a ti mismo, conectando con la respiración consciente, moviendo lentamente los dedos de manos y pies y abriendo los ojos despacito.

Una vez que te sientas tranquila, consciente pero todavía permanezca en ti el sentimiento, escribe a continuación aquello más relevante. Aprovecha para hacer un ejercicio intuitivo e integrativo sobre el "Yo soy" ideal con el que has conectado que te facilita el camino para llegar a tu propósito.

Una vez escrito todo aquello que haya emanado de ti y con lo que hayas conectado, escribe a continuación todo lo que eres y tienes que te acerca a eso. Hazlo de manera consciente y pausada...

Date cuenta de que son muchas cosas las que te unen a eso que deseas. Posees grandes recursos que aparecen cuando menos te lo esperas.

El foco de atención es fundamental en cualquier proceso de creación de un proyecto vital, de una meta personal o de cualquier propósito de vida, porque lo único que nos hace caminar en una dirección es el foco hacia esa dirección. Tu foco ha de estar orientado conscientemente a ese lugar, de este modo, la mente atrae nuevas conexiones neuronales que facilitan nuevos estímulos creadores de posibilidades reales facilitadoras de tu recorrido al éxito.

Mírate, ve tu grandeza, obsérvate como el SER que ha visto realizado su sueño y siéntete ahí, en todo tu éxito. La vida te sorprende a cada momento, escucha lo que tiene que decirte. Permítete la luz, deja ir cualquier barrera, eres alguien imprescindible, valiosa para muchas personas. Reflexiona sobre lo que puedes dar y ofrecer a los demás. Haz de ello tu propósito de vida.

Tus recursos son ilimitados al igual que lo es tu SER infinito. Recuerda vivir conectada con ese "Yo Soy" que has experimentado. Párate, relájate y respira. Conecta con la vida, sintoniza con lo que tienes alrededor.

Ábrete a la vida, al amor, al disfrute, al aquí y al ahora. Di sí a ti!

Sigue leyendo, te espera el segundo libro de la trilogía "Fortaleza Espiritual"...

SEGUNDO LIBRO DE LA TRILOGÍA

"MENTE DESPIERTA, DOMINA EL LABERINTO"

Como sabes, este libro, junto con otros dos, conforman la saga "Fortaleza Espiritual". En el segundo libro de la saga que tienes entre tus manos, vas a poder aprender los más profundos entresijos de la mente y su funcionamiento.

Cuando sientes dolor espiritual y dolor mental, tu mente se comporta de determinadas maneras, en este libro quiero darte a conocer muchos de los mecanismos que la mente inconsciente genera, así como diversas herramientas para tu uso con el fin de que recuperes tu centro en momentos de inestabilidad.

Se trata de un libro especializado en la mente en toda su extensión. Trabajado a fondo para ofrecerte un contenido de calidad suprema a través del cual tengas recursos para ayudarte a ti mismo a comprenderte más, a ampliar tu conocimientos sobre la trascendencia de otras heridas del alma que se presentan en la vida.

Mi propósito es ofrecerte un sincero acompañamiento en tu camino de desarrollo personal. La salida del laberinto la tienes a un libro, aprovecha y saca el máximo jugo a esta saga.

Te mereces ser feliz!

EL LIBRO DE MI MENTOR LAÍN GARCÍA CALVO

"LA VOZ DE TU ALMA"

Quiero dedicar este espacio de mi libro al libro estrella de mi Mentor Laín García Calvo: "La Voz de tu Alma".

Un manuscrito, sin duda, que agrupa todos los secretos de las leyes universales; desde mi punto de vista, un tesoro de la metafísica. Su lectura abre paso a nuevos horizontes, limpia tus emociones y te ayuda a elevarte a otros puntos de vista. Su aportación se nota con tan sólo el tacto de sus hojas, la sutileza de su vibración te transporta a un estado de paz y certeza.

De fácil lenguaje, Laín expone acertadamente entre sus hojas, una investigación que él mismo ha realizado durante años. El tema estrella: la metafísica y la espiritualidad.

Con él aprenderás cada una de las leyes del orden superior.

¿El beneficio?

Tener las pautas para materializar aquello que más deseas.

Si deseas conocer más acerca de él:

www.laingarciacalvo.com

PÁGINA DE CONTRIBUCIÓN

El 10% de los beneficios de este libro, irán destinados a una conocida Fundación que hace más fácil la vida de los niños en las plantas de aislamiento de los hospitales.

Entre otros proyecto, éste es el elegido para donar dicho porcentaje del beneficio de este libro.

Bravo por aquellos que se preocupan en sostener la salud emocional de niños que deben ser aislados en hospitales. Bravo por ayudar a que sus vidas se vean tratadas con respeto, dignidad y alegría durante períodos donde la vida se corta.

Estos proyectos consisten en desarrollar salas de aislamiento especiales convirtiéndolas al imaginario infantil a través de un entorno creado ad hoc; allí el sanitario le presenta la sala al niño, acompañándolo en un período de su vida que, en lugar de ser tildado de aislado, es convertido a una historia apasionante a través de la creatividad del amor.

Sostener la salud emocional de un niño en un momento de dolor provocado por la enfermedad sumada a la exclusión de su familia y seres queridos, es fomentar la salud mental del adulto, ayudarle a crecer con equilibrio y paz interior.

La vida se ve mucho más fácil cuando hay alguien a tu lado que te ayuda y te acompaña en situaciones para las que te cuesta encontrar una salida o te ves superado por la vivencia.

Nuestra labor como adultos para con el dolor de un niño lo es todo porque, con poco, podemos ayudar mucho a que el estado mental y emocional de ese niño se mantenga lo más saludable posible. Un adulto puede buscar aquello que necesita pero un niño es vulnerable y víctima de las circunstancias.

Con este libro ponemos nuestro grano de arena para el bienestar de los niños que necesitan apoyo incondicional en duros momentos.